Activate the President Leadership

激活总裁领导力

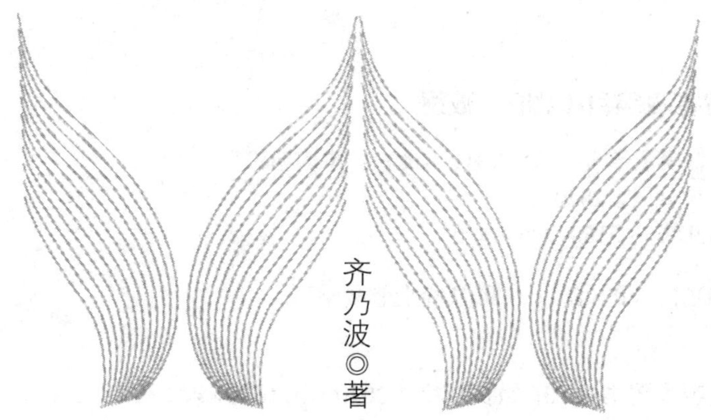

齐乃波◎著

中国纺织出版社有限公司
国家一级出版社
全国百佳图书出版单位

内 容 提 要

领导力是引领组织达成目标的能力，是激励追随者实现自我超越的能力，更是达成更高目标的能力。本书旨在通过研究如何运用总裁领导力法则取得成功。本书首先从分析领导、领导力、总裁领导力的含义及其本质入手；进一步剖析总裁领导力的作用、要素、层级及应具备的能力，由此开启激活总裁领导力潜能之旅；再逐一深入讨论激励总裁领导力潜能的各个层面的问题。通过如何激活领导潜能、心智模式、认知源泉、成功界面、葵花宝典、禁止键盘、愿景目标等几个方面，告诉读者总裁领导力潜能的发现、培养、激活、释放及提升的方式方法。

图书在版编目（CIP）数据

激活总裁领导力 / 齐乃波著. --北京：中国纺织出版社有限公司，2020. 5

ISBN 978-7-5180-7269-9

Ⅰ. ①激… Ⅱ. ①齐… Ⅲ. ①企业领导学 Ⅳ. ①F272.91

中国版本图书馆 CIP 数据核字（2020）第 053205 号

策划编辑：史 岩　　责任校对：王蕙莹　　责任印制：储志伟

中国纺织出版社有限公司出版发行

地址：北京市朝阳区百子湾东里 A407 号楼　邮政编码：100124

销售电话：010—67004422　传真：010—87155801

http://www.c-textilep.com

中国纺织出版社天猫旗舰店

官方微博 http://weibo.com/2119887771

三河市延风印装有限公司印刷　各地新华书店经销

2020 年 5 月第 1 版第 1 次印刷

开本：710 × 1000　1/16　印张：14

字数：134 千字　定价：49.80 元

自序

为什么要自序？

我只是想，书店里的书友可以用最短的时间了解本书内容，以此决定买与不买；我只是想，有缘的读者可以用最短的时间找到翻阅本书的捷径，使苦读变成悦读；我只是想，闲聊的话唠可以用最短的时间找到关键词，增加点谈资的时尚时髦的话语门面……真正让接触本书的人——开卷有益!

原本我也想请人作序，比如余世维博士，他是中国管理培训界的常青树，我是他的亲训弟子；比如刘子熙导师，他是中国TTT培训第一人，我是他40余期TTT培训的忠实复训者；比如杨顺波先生，他是北京德鲁克管理学院院长，我是他在贵州创办的德鲁克贵州学习会学员及志愿老师……还有很多大智慧者，与他们有幸交往，受益匪浅，亦师亦友。但是，书的价值不在于谁作序。若书露怯，反倒会影响作序者的声誉。由此，我放弃了请人作序的念头。

书值不值得一读，还是交给读者。

写作本书的念头源于三年前，在上海“领悟工坊”学习认证《变革领导力沙盘》，主讲导师朱彦泽（希坦博士）开列了一个学习与阅读的表单，有近20余部书，我在网上一一淘到手，便由此开始了我每日一读的精学历程。2019年年初，又有机会游学美国，获得了哈佛法学院全球领导力培训证书。在美国纽约书店还购得了一本全英文版的领导力图书，借助微信等网络工具翻译，那本书的名字应该叫《培养你的领导力》，从中得到启发，所以才有了这本《激活总裁领导力》。

领导力培训至今比较泛滥，有很多培训师及机构，耸人听闻，搞这个模型，搞那个模型，有些有道理，有些就是形式，所谓某企业的领导力模型，你放到执行力上也说得通，放到学习力也讲得明，总之是放到任何一个“力”的模型都是可以的。领导力说到底并不复杂，一个男人使得自己的老婆不离不弃，就是一种领导力的表现。你有追随者，你就有领导力。由此我赞成这种说法，领导力就是影响力。本书成书，感谢北京华夏智库文化传播有限公司张杰先生及他的同事们的帮助，在初期策划及文字修改校正上都贡献了创意才智。

话说回来，我这本书，正如孔子所言：“述而不作”。我从来都认为人是学而知之的，在我培训的所有经历中，我的课件都是无偿提供给学员。也有朋友善意提醒我，要注意知识产权的保护。我有些疑惑，别人我不了解，但我了解我自己，从小到大掌握的所有的知识都是老师们、师傅们、领导们及同事、朋友无私传授所得。所以知识产权方面，我个人是没有这个概念，也更没有这个意识。2016年，我在云南大理免学费并免吃住费而学习国学时，知道一句“述而不作”，我豁然了。本书也是如此，它是“述”我所学，而无我之“作”，确切说本书更多的应该是我的领导力学习体会，也就是把我学习到的认识到的，以培训师的习惯整理、归纳、提练。所以，读本书的方法，建议先通览目录标题，然后再看前言部分，接下重温目录，随后可翻至你感兴趣的部分阅读。简言之，本书可跳跃浏览。

闲话到此，接受阅览，欢迎指正！

是为序。

齐乃波

2020年3月24日于贵阳

前　言

枯木逢春，必有激活发芽的机会；人到总裁高位，必有激活他人能力的机会。虽然不是每个人都拥有总裁领导力，但是每个人都拥有总裁领导力的潜能，这就需要我们随机随缘地予以激活。所谓“激活”，是指一个人本身已具有某种能量，只不过目前这种能量处于“睡眠”状态，一旦激活，就将威力无穷。事实上，领导力是人人都具备的一种能力，但令人遗憾的是，并非每个人都能成功激活神奇的领导力。譬如，每一个男人在成为父亲之前，没有人告诉他们如何管好孩子，可是当他们当了父亲之后，就会自然而然地成为风格迥异的父亲。最终，那些激活了潜在能量的父亲（主要是指父爱及对教育的认知）能够教育好孩子，成为成功的父亲。同理，那些激活了领导力的人也能够激励追随者达成更高的目标，成为成功的领导者。

一、领导力研究的现状及局限

无论管理行为研究，还是组织行为研究，两者研究的重点都是领导力。虽然国内外关于领导力研究的文献很多，各个领域的学者也都提出了独到的见解，然而对于领导力的概念，众多学者一直没有形成共识，没有达成统一的认知。每当谈到领导力的时候，多数人都会把领导力与管理技能相混淆。以至于“现代管理学之父”彼得·德鲁克也认为，领导力是必不可少的管理技能。早在1947年，他就在《哈泼斯杂志》上撰文：“管理就是领导力。”从他一生研究管理的成果来看，他对认知领导力颇感矛盾。后来他还说过这样的话：“领导力是无可替代的，但是单单依靠管理无法塑造领导者。”可见，德鲁克在管理与领导力之间也是没有明晰的概念的，尽管他对领导力的重要性深信不疑。

目前来看，对于领导力的概念的表述主要分为两个方面：一是从领导力特征的角度出发，把领导力概括为“通常是敏锐性、看不见的情感、想法和直觉的产物”。该定义对领导力在实际工作中所表现出的性质进行了深入的研究与概括。二是从领导力在工作中作用的角度出发，将其阐述为“根据群体的分组、特质、行为等因素，领导力是达成目标的工具”或“领导是影响和教导他人理解某些活动的目标和目的，以及如何实现这些目标和目的的过程”等。事实上，无论如何定义领导力的概念，“领导”一词的内涵都包括以下要素：领导者个人的素质和魅力；领导者个人与其他组织成员在组织运行过程中的互动影响；领导力一定服从于组织目标和战略；领导力能够通过后天的塑造和培训获得。

领导力在理论的应用研究方面，其研究成果如下：一是对于领导力与性别之间关系的研究，研究的问题多数集中在女性在管理岗位上发挥的作用越来越大，并探讨女性如何更好地在企业组织中发挥领导作用等方面；二是对于领导力与文化之间关系的研究，人们认为，领导力和文化是不可分割的，有些人提出了在文化影响下领导力发展的过程；三是对于领导力与战略之间关系的研究，认为领导力与战略相关的领导活动应该包括制定战略决策方向、创建和沟通发展愿景、提升个人和组织成长的关键能力、改进组织结构、完善流程和节点控制、选择和培养继任领导者，以及保持有效的企业、团队及相关组织文化，并将道德价值体系融入文化之中。

除上述几项研究外，还有关于信息时代领导力的研究。相关研究认为在很大程度上影响企业管理的是信息化因素，也是影响领导力的因素。因此，这方面的研究强调如何帮助领导者适应信息化环境，引导企业和组织在信息化新环境中保持和增强竞争优势。有的研究者还为此创建了相关的模型作为实用工具。从目前的问题和趋势来看，在全球进入信息时代的大背景下，领导研究还没有被纳入传统领导学研究的主流系统，更多的是信息技术领域的研究人员自发开展的研究。

总的来看，领导力概念的界定、领导力理论的应用、信息化时代领导力的发展，大都还没有认识到领导力其实与个体心理因素密切相关。事实上，领导者的心理品质对领导力有着极大的影响，比如领导者的性格，就与以身作则、共启愿景、挑战现状、使众人行、激励人心等都是正相关的，且均有显著表现。如果不能从“根骨”里解决问题，就会严重影响领导力的培养与提升，也会制约领导者及其企业的生存与发展。

二、激活总裁领导力的作用及意义

有没有领导力与有没有领导职务不是一回事，有领导职务的人也许没有领导力，没有领导职务的人也可能具有领导力。当然，需要名副其实，一个有领导职务的人最好有领导力。由此，问题就出现了：领导力是什么？领导力是不是可以培养？领导力是不是每个人都具有的潜能，它到底在哪里？

比较容易为人接受的观点是：领导力是引领组织达成目标的能力，是关于如何激励追随者共同超越自我，达成更高目标的能力。实际上，影响力就是领导力的本质。领导者个人的品质和个性是影响力的来源和支撑。领导者的品质和个性并不是职位带来的，更不是权力赋予的，而是来源于领导者对自身潜能的发现、激活及释放。因此，我们讲开发领导力或者说激活总裁领导力，主要指的是开发激活领导者的个人潜在领导力，而不是职务权力。事实上，任何一位领导者都不能脱离追随者而存在，总裁与追随者是相互依存、相互照应的关系。作为总裁，只有当下属心甘情愿成为其支持者或追随者时，总裁才不失其为一个总裁。

在当今时代，领导者的“领导”更多地建立在个人特有的影响上，建立在个人卓越的专长上，建立在个人模范作用的基础上。也就是说，领导者要拥有影响追随者的能力，领导者的言行举止应该有人响应，因为领导的目的是通过影响下属来实现企业发展的目标。领导者虽然握有职权，但只能通过自己的特有影响和卓越专长去吸“粉”，去引导追随者。领导者真正有能力领导的只有他自己。每一个合格的领导者，都非常注重先管好自己，率先垂范，以真示人，然后才能影响他人，引领组织。

特有影响、卓越专长和模范作用，这些靠职务本身是不会带来的。我们还是主张后天培养的特有影响，这种影响必须有卓越专长的支撑，也要有模范作用的保障。如何培养特有影响呢？答：激活总裁领导力——这就是本书的主题。

三、本书的贡献价值

本书是一本教你如何运用总裁领导力法则取得成功的实践指南。首先从分析领导、领导力、总裁领导力的含义及其本质入手，进一步解剖总裁领导力的作用、要素、层次及应具备的能力，由此开启激活总裁领导力潜能之旅；然后逐一深入讨论了激活总裁领导力潜能的各个层面的问题。通过如何激活领导潜能、心智模式、认知源泉、成功界面、葵花宝典、禁止键盘、愿景目标等几个方面，告诉读者总裁领导力潜能的发现、培养、激活、释放及提升的方式方法。

本书的最大特点，一是实战实用，深入浅出地讲解了各种领导力和有效的使用方法；二是脉络分明，从最基本的领导力概念入手，然后逐一深入讨论各个层面的相关问题，由浅入深，并逐渐垂直聚焦，传递理念的同时更给出方法，以解决实践中遇到的问题。

本书的读者对象广泛，适合企业各个级别的领导者、管理者、“想当将军”的员工，以及致力于企业管理的研究者和对现代企业经营管理有兴趣的人阅读，大家都可以从中得到有益的启示。这是一本开卷让人醒目的书，也是一本放在案头品读令人开悟的书！

目　录

第三章　激活的“认知源泉”：知己知彼，组织亦晓

第五章 激活的“葵花宝典”：利他思维，制胜五招

第七章 激活的“愿景目标”：借鉴经验，持久有效

第一章

激活的“领导潜能”：开宗明义，意义解剖

激活领导潜能或激活领导力，是指激活个人的职务及非职务真正意义上的权力。当个人接受了组织中的一个职位，他就要承担正式的职责来完成已商定的任务和责任，这是他在职务上的个人权力。非职务权力是个人依据组织的价值观，为实现组织的战略愿景和目标，在特定场合下，“时势造英雄”而出现的非职务的个人权力彰显。激活领导潜能就是激活领导者个人的职务及非职务权力。毫无疑问，全面解析领导力，将开启激活总裁领导力潜能之旅。

一、总裁领导力定义

子曰："名不正，则言不顺；言不顺，则事不成"。对总裁领导力的误解，是无法正确"激活"，因而就不要指望会成什么大事。但是，什么是总裁领导力呢？因为总裁和领导属于从属关系，"总裁"在概念的外延上属于"领导"的范畴，所以定义总裁领导力要从"领导"这个概念说起。

1. 领导的概念、含义及其本质

对于领导这个概念，管理学的学者和专家们有着不同的看法。从各种有关管理的文献中可以看出，许多人关于领导的定义主要有以下几方面的理解。

一项过程与程序：斯托格狄尔在《领导、成员和组织》一文中认为，领导是对一个组织起来的团体为确立目标和实现目标所进行的活动施加影响的过程。赫姆菲尔认为，领导是指挥群体在相互作用的活动中解决共同问题的过程。海曼等认为，领导是一项程序，使人得以在选择目标及达成目标上接受指挥、引导和影响。

一门艺术：哈罗德·孔茨等在《管理学》一书中认为，领导是一

门促使其部属充满信心、满怀热情来完成任务的艺术。

一种影响力与能力：坦南鲍姆等在《领导：职权范围》一文中认为，领导是在某种条件下，经由意见交流的过程所实行出来的一种为了达成某种目标的影响力。戴维斯在《工作中人的行为》一书中认为，领导是一种说服他人热心于追求一定目标的能力。

一种行为：泰瑞认为，领导是影响人们自动地为达成团体目标而努力的一种行为。

一个上级赋予某个人的权力：杜平认为，领导即行使权威与决定。弗兰奇和雷文在《社会权力的基础》一文中把领导的影响解释为权力，即“一个人所具有并施加于别人的控制力”。

上述种种解释从不同角度或侧面论述了领导的含义，或从心理与人格观角度强调人的素质；或从团体与过程角度强调达成组织目标；或从功能操作角度强调有效而明智的决策；或从自我实现观角度强调创造环境；或从社会系统角度强调团队如何表现适当行为等。不过这些解释也包含了一些相似的意思：一是领导行为或过程中一定包含有领导者与被领导者的行为，否则就不能称其为领导；二是领导行为的实际图谱就是一个动态过程，要受领导者、被领导者、环境因素制约；三是领导行为中的领导者与被领导者相比较，领导者具有更大的权力、责任与影响力；四是领导行为的目的是指引和影响被领导者实现企业、团体和组织的目标。

总的来说，所谓领导，就是一个行为过程。其过程是指引和影响企业、团体或组织及其成员在一定条件下实现适应趋势发展的所期望目标。领导者就是为其组织变革实行领导行为而实施指引和影响的人；被领导者是接受指引和影响的人；一定条件是指所处的组织内部与外部环境。依据心理学角度分析“领导”概念，能被多数人接受的领导定义是：领导是对群体或个人施加心理影响，使之努力实现（组织）发展目标并与环境保持一致的过程。实质上，领导者就是施加心理影响的人。也就是说，领导是施加心理影响的过程，是努力实现目标的过程，是人际关系与组织关系统一的过程，是使组织与环境保持一致的过程。

基于上述观点，领导的本质是引领变革，妥善处理好各种人际关系是其方法和手段，由此形成以主要领导者为核心的、团结一致的、为实现预定目标而共同奋斗的一股合力。作为领导者，在领导活动过程中需要的是追随者，即被领导者，没有追随者就不能实现真正的领导。

2. 领导力的概念、含义及本质

理解了“领导”这个概念及其含义和本质，就不难理解什么是领导力。引领组织变革以达成目标的能力就是领导力，这是关于如何影响、吸纳和激励追随者共同超越自我，达成更高目标的一种能力。

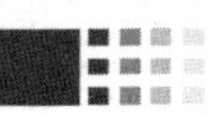

领导力的含义体现在“影响、吸纳和激励追随者达成更高目标的能力”上。对此，也有许多管理学家和学者给出了自己的理解。例如，亨利·艾尔弗雷德·基辛格，这位美国前国务卿曾说，领导就是要让他所领导的人们，从他们现在的地方出发，带领他们去还没有去过的地方；美国当代杰出的领导理论大师沃伦·班尼斯更是有趣地说，领导力就像美，它难以定义，但当你看到时，你就知道了。

我们认可这样的一种观点：领导力的本质是影响力。如果说传统意义的领导者实现自己的意愿主要是依靠权力，那么现代意义的领导者达成自己的愿望目标则更多是依靠他内在的影响力。这种内在的影响力呈现，就是我们所说的“领导力”。最终能够以个人的品质和个性影响他人的领导者，必须懂得做人的艺术而不是单纯做事的艺术。

必须强调指出的是：就领导力的适用范围来讲，它并非专为企业组织中高层管理者所独有的能力，中层管理者、基层管理者也都具有领导力，甚至在特定情况下的一般员工也会具有领导力；推而广之，每一个企业组织成员都具有领导力，企业组织之外的社会上的每一个人也都同样具有领导力。只是我们在本书中着重讨论的是，企业组织中高层管理者的领导力，即总裁领导力。

3. 总裁领导力的概念、含义及本质

现代语境中的“总裁”，更多的是指企业的主要领导者，是企业

组织中最高层的成员之一，负责企业总体规划的制定与实施，并掌控企业日常运作情况。毋庸置疑，作为企业制定宏观战略和监督管理每日活动的高阶官员，总裁的领导力对于企业的发展与未来具有举足轻重的作用。因此，正确理解总裁领导力的概念、含义和本质，对于企业最高领导者来说是必须学习的一课。

所谓总裁领导力，通俗来讲，是指充分地利用企业内外部各种资源，引领和经营企业变革，通过下属各级管理者和全体员工的积极努力，最终达成企业发展目标的能力。

总裁领导力的含义是特有的影响力及有效的管理和执行力。具体来说，就是能够找到企业方向，通过精准对接各种资源的高效运营，形成健康的人际关系网络，以最小的成本办成企业所需的事。

总裁领导力的本质是“有人追随”，并与追随者一起完成企业使命。总裁和追随者之间既是人际关系，也是工作关系。从总裁的角度来说，在与追随者一路同行中，总裁要不断地开发和培养追随者，让追随者逐步达到新的高度。从追随者的角度看，他们要在追随总裁的过程中学习技能和完成目标，共享总裁描述的企业愿景，逐渐完成自我实现和自我超越。总裁要想建立更多、更广泛的人际关系网，应该花时间去以前不常去的地方，多了解平时很少接触的人，用多种方法来扩大与追随者的相互作用的活动范围。

企业的成败，不可推卸的第一责任人就是总裁。所以每一个总裁

都必须努力激活自己的领导力，提升自己的领导力，发挥自己的领导力，才能带动企业发展得更好。

二、总裁领导力三维度

作为领导者，必须具备独创性思维和深邃的洞察力，不仅要建立企业独特、清晰、可及的愿景，而且要将其贯穿到企业组织的每一个方面并产生成效，成为组织所有活动的行动纲领。在这之中，方向指引、战略武装、措施落地这三者缺一不可，因此从这三个维度对领导力加以剖析很有必要。

1.方向指引：需要视野、思想和专长

决策方向是领导者的首要任务，方向指引是领导力的第一行动。一个人要具有这种能力，必须能够在众多人中脱颖而出，这是与其视野、思想和专长密不可分的，而且这些方面在一定程度上还能够相互转化。拥有广阔视野的人能够不断接受新想法，并在某些方面相对容易地形成专业知识。而具有一定专业知识的人则有更多的机会和条件来拓宽他们的视野，进行深入的思考，随着时间的推移，将有更多的条件来形成独特的思想认识。

第一，视野是领导者看待事物的参照框架。决定方向指引的水准

是我们的视野。每个人都有视野的障碍，只不过人类“自以为是”的不良特性局限了对障碍的认知。“井底之蛙”故事中的海龟对井底的青蛙谈论大海的辽阔，但青蛙因受生活范围的局限，没有看到过大海，所以对海龟描述的大海一无所知，以至于茫然无措。这个故事告诉我们，要跳出那口井去了解更多、更广阔的天地，绝不能坐井观天。

其实，每个人都身处井中，只不过井的大小及身处其中的感受不同罢了。当一个人成为领导者时，如果让这口井限制了视野，就会影响他对环境的把握和对市场的判断，最终会限制企业的发展，甚至导致企业灭亡。例如，诺基亚的领导者满足于取得的市场成功，忽视了对市场趋势的洞察和对产品开发趋势的把握，导致诺基亚后期的发展偏离了手机市场的主流方向。视野的局限性影响了诺基亚领导者的判断，使诺基亚最终在智能手机市场上败下阵来。对于一个肩负着组织发展责任的领导者来说，拥有开阔的视野是非常重要的！

一个企业领导者在看待事物时具体的参照框架常常是他的“视野”。领导者必须精准把握“视野”这个概念，将自己的视野纵贯过去、现在和未来，横跨部门、企业和市场，以更广阔的视野来判断自己的位置，调整自己的方向，为企业未来的发展保驾护航。

第二，思想决定领导职务的高度及履职的质量。方向指引的本质在于思想，领导力的高度在于思想。因为人的力量不仅取决于体力，更重要的是取决于思想。华为在IC领域是国产第一IC品牌，在5G领域已经全球领先。华为手机入选Brand Z全球最具价值品牌榜百强，“华为品牌”已经从当初单纯的商业性质升华到如今与国家利益紧紧相连的高度。华为取得巨大成功的背后就是总裁任正非独特而深刻的思想。任正非说：“世界上一切资源都可能枯竭，只有一种资源可以生生不息，那就是文化！”华为企业文化的精神内核是吃苦耐劳、敬业、艰苦奋斗，任正非将这种精神贯注于企业的管理实践中，从确定目标到管理创新再到注重智力价值都体现出这种精神。因此，2019年4月，任正非才能上榜美国《时代周刊》（TIME）2019年度全球百位最具影响力人物榜单。《华为真相》作者、著名财经作家程东升对任正非是这样评价的：“任正非对企业目标的界定，对企业管理的创新，对智力价值的承认，都开创了中国民营企业之先河。”

思想决定出路，有什么样的思想就会有什么样的出路。一个凡人的思想决定一个平凡家庭的出路，一个领导者的思想则决定一个企业的发展方向。转型时期的中国企业管理者，需要从现实中看到事情可能发生的变化。无论是从现在开始设计未来，还是按未来更新设计现在，思想都决定着企业将来的发展状况。在新事物陆续产生、新情况层出不穷、新问题不断涌现的今天，思想显得比任何时候都重要。领导者唯有具有清晰的思想，才能引导企业的成长，才能帮助企业应对不断变化的市场，推动企业的发展。

第三，拥有专长是发挥领导力的根基。一个人拥有的知识和专业技能就是他的“专长”，即所谓的“才”。高楼起于平地是因为有坚实的基础，发挥领导力的根基是领导者的“一技之长”。领导者在出道之前，一定会在某一方面显现出特有的专长。“谷歌”创始人佩奇和布林、“苹果”创始人乔布斯、股票投资大师巴菲特等，他们都凭借“一技之长”而找到了自己的发展方向，并最终成为杰出的领导者。要想成为领导者，就要渐渐地转型为领导亦或管理工作的专家。当员工遇到问题时，领导者要能够准确把握问题的核心并提出解决方案的思路和关键点。这一切，就是员工尊重和信任领导者的基础。

专长是领导者的一种形象，更是一种精神力量，在方向指引上，在对员工产生巨大影响上，都能够发挥出更好的领导作用。企业依靠领导者的“一技之长”，领导者在技术、战略、营销、产品开发、人力资源、财务等方面发挥专业特长，对企业的发展至关重要。因此，领导者需要了解自己的核心专长并有意识地对其进行培养和提高，打造自己的核心竞争力，并将这些专长应用到管理实践当中，成为企业的核心优势。

2. 战略武装：影响力决定战略武装过程

企业发展不能误打误撞，一定要有战略眼光、战略思维、战略布局，这些战略必须从上至下地贯穿始终，由此必须要用战略武装每

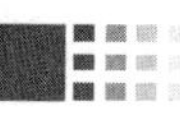

一个管理者及员工的头脑。前面我们已经说过，领导力的本质是影响力。领导力的根本在于影响力，而不在于权力。可以让下属心甘情愿追随的领导者，他身上渗透出的引人魅力，也就是影响力。也就是说，领导力是一种让下属做自己所期望实现并愿意去做的事情的艺术，而这种艺术的完成过程就是领导力战略武装的过程。这个战略武装的过程，是在企业内外的各种关系中进行的。关系是战略武装的渠道，是经过相互沟通来不断推进的；沟通是战略武装的方式，是通过团队平台形式上协作协同来实现的；团队是战略武装的载体。

第一，关系是战略武装的渠道，要处理好企业内外的各种关系。这里所谓的关系，不仅仅是“拉关系”，更重要的是作为企业领导者，在工作的过程中所要面对的企业组织内外各种各样的关系。领导者要处理好这些关系，平衡这些关系，使这些关系形成一种合力，为着预设的一个共同目标而前行。

很多人会惊叹于比尔·盖茨的才华，羡慕其拥有的大量财富，但是较少注意他创业时的一个关系细节。比尔·盖茨是跟谁签订的第一份合约？他是与当时世界第一的电脑公司IBM签订了第一份合约。当年的IBM已经是业内的巨人，谁能攀上这个“高枝”就意味着将成为业内的翘楚。IBM公司看到苹果个人电脑热销，为了尽快推出自己的产品，就决定将操作系统外包。当时，比尔·盖茨的母亲是IBM的董事会董事，而IBM新任董事长是盖茨母亲的朋友，因此董事长最后决定把这单生意给了盖茨。如果当初比尔·盖茨的母亲没有为儿子进行担保，没有帮助儿子签到IBM的第一份合约，比尔·盖茨今天怎么可能拥有几百亿美元的个人资产呢？

在市场经济发达、崇尚个人才能的美国社会，比尔·盖茨还靠着"关系"获得了成长的可能。而置身于中国重重"关系"包围之中的企业领导者，更需要注重关系的管理。

第二，沟通是战略武装的方式，要做好企业内外的沟通。作为一名领导者，完整的沟通不仅要注重企业内部的沟通，而且要注重企业外部的沟通。在企业内部，如果能够多与员工沟通，了解他们的困难与问题，将有助于员工更好地完成工作；在企业外部，如果能够多与外界沟通，了解市场信息，也将有助于更准确地把握市场的走向。如果领导者在工作中遭遇内部员工抱怨或外部客户不满，那一定是彼此之间的沟通出了问题。

余世维博士在《有效沟通：管理者的沟通艺术》一书中讲了这样一个故事：艾森豪威尔是第二次世界大战时的盟军统帅。有一次，一个士兵跟他抱怨说自己没日没夜地挖壕沟，简直不是人过的日子。艾森豪威尔微笑着让士兵跟他走一走。艾森豪威尔向这位士兵诉说了当一个将军的痛苦、肩膀上挂了几颗星之后依然被参谋长骂的难受、打仗前一天晚上睡不着觉的压力，以及对未来前途的迷惘。最后他对士兵说："我们两个其实一样，不要看你在坑里而我在帐篷里，其实我的痛苦比你还大，也许你还没死的时候，我就活活地被压力给压死了。”听到这些，那个士兵说：“将军，我看我还是挖我的壕沟吧！”

艾森豪威尔的沟通方法别具一格，他面对不满的士兵，没有生硬地命令士兵打消不满，也没有试图直接开解士兵的心结，而是通过向士兵讲述自己的工作，来化解士兵心中的不满，使士兵重新燃起斗志。企业管理过程也一样如此，松下幸之助有一句至理名言：“企业管理过去是沟通，现在是沟通，未来还是沟通。”

第三，团队是战略武装的载体，要建立积极合作的团队，才能达成目标。世界上最高的物种是红杉，红杉是植物界中的“巨人”。一般来说，越高的植物根扎得就越深，否则一旦刮风，很容易被连根拔起。然而，红杉树的根系却并不深入生长。红杉之所以能够抵御各种自然伤害，顽强地生存下来，是因为它们总是根系相连，抱团生长。一株红杉死了，就可以从它的周围滋生出一丛树苗，经过数年的时间，在它几十米长的躯体腐烂的地方，又会长出一列列的“巨人”，形成无法撼动的一列纵队，那是几千株根部紧密连接、占地超过上千公顷的红杉林，即使再大的飓风也对这片红杉林“无计可施”。

红杉的“团队合作”精神对企业的团队管理很有启示意义。在现代企业中，层级组织日益被项目团队所取代，团队作为一个任务单元，不仅可以提高人力资源的利用率，还有助于加强成员之间的交流与协作。同时，由于个人的能力是有限的，工作的良好实施必须依靠一个由多人组成的团队来完成，因此高效协作的团队是工作成功的可靠保障。

对于一个团队而言，重要的是各个角色必须有人来承担，并且彼此之间分工明确、互帮互助。因此，作为团队的领导者，面对不同类型、不同功能的团队，必须适时调整好自己的角色，同时要做好团队的定位，明确每个人的分工，指导员工履行好自己的职责，一起为团队的共同目标而努力。

3. 措施落地：实现工作既定目标

没有落地的措施作为保障，再好的方向，再好的战略，都是空中楼阁。措施落地是参与正确的工作并实现预期目标，它涵盖了参与的整个流程，包括明确工作任务、实施工作内容和最终实现组织的预期目标。措施落地强调工作的有效性，当领导者从事日常工作时，如果缺乏促进公司合理、顺利运作的意识，缺乏与上下环节之间的必要联系，就会导致误工、返工、重复执行同样的工作等问题。因此，在确保和提高工作效率的同时，应注意工作的有效性，即措施落地。实际上，措施落地也反映了领导力在经由方向指引、战略武装之后在组织管理实践中的实施执行，因此措施落地主要包括执行、项目和变革三个方面。

第一，执行——按质按量地实施措施，完成工作任务。领导者并非只需要把任务布置下去让员工去执行就好了，因为即使领导有很好的计划措施，没有员工的良好执行也无济于事。所以，执行就是按质按量地实施措施，完成工作任务。

有一位老板让员工去买复印纸，员工买了三张复印纸回来。老板不满地说：“三张复印纸怎么够，我至少要三摞。”员工第二天便去买了三摞复印纸。老板一看又生气：“你怎么买了B5纸，我要的是A4纸。”隔日，员工又买了三摞A4纸回来。老板怒道：“怎么买个复印纸，买了一个星期才买好？”员工回答：“你又没有说什么时候要……”一个买复印纸的小事儿，员工跑了三趟，老板气了三次。老板会摇头叹息，认为员工执行力太差了；员工心里也会说，老板能力欠缺，连个任务都交代不清楚，只会支使下属白忙活！

上述案例中，虽然老板给员工安排了任务，但是没有明确任务内容、限制任务时间、规定反馈机制，结果导致员工执行力的低下。因此，在执行任务的过程中，领导者不能仅仅当个“甩手掌柜”，还需要辅助以一系列规章制度、具体流程的安排，让员工明确工作内容，办事有章可循，能够及时反馈，这样才能把宏伟的计划逐步变为现实。

第二，项目——既定项目如期完成，开发新的项目。在新的市场环境下，企业往往以项目的形式开展作业，许多项目是跨专业、跨部门，甚至是跨地区的。项目成员结构组成也是比较复杂的，当有新的项目时，企业组织会从项目人力资源库或各职能部门临时抽调人员来组成项目团队。伴随着项目的实施和运作，项目成员的工作内容和职责也不断发生变化，有时还需要对项目人力资源进行重新配置，而这些变化又大大增加了企业的运营难度。因此，作为领导者要想让工作有效地执行下去，就更加需要从项目入手，注重项目团队的管理，做好每一个项目的管理，为企业的进一步发展奠定基础。

领导者除了带着团队成员执行某个具体项目之外，还要规划、设计一些项目，培育一些项目。开发新项目的前提，无疑是领导者的方向指引在企业中具体发挥作用，以应对行业发展趋势的变化、行业技术的变革、新产品的研发、人员的整合和培养等。

在这里必须指出的是，项目具有集中体现领导力的功能，实为领导力各要素的一个载体。从一定意义上讲，领导者的方向指引、战略武装和措施落地需要以项目为载体，形成一个闭环而螺旋上升的管理模式。

第三，变革——为适应时代变化必须通过变革激活企业创新力。斯宾塞·约翰逊是世界著名的思想先驱、演说家和畅销书作家，他在著作《谁动了我的奶酪》一书中假借两只小老鼠生动地向读者阐明了一个道理：当“奶酪”在现实中变成了事业，变成了金钱，变成了一个人的动力时，就很难再有勇气放弃已有的东西，转而寻找新的挑战

和新的机会。

在这个急剧变化的时代，当国家的转型与这个世界的急速发展叠加在一起时，变革就是企业成长的根本动力，甚至是唯一出路。而这个变革，才是领导的根本职能。这与“管理”正好是一对矛盾的统一体：为了企业生产，需要“管理”维持不变；为了企业发展，需要“领导”实现变革。世界上众多的发展成为具有长久生命力的大公司、大集团，可以说所有成功企业的由小到大、由弱到强，无一不是通过不断变革来实现的。特别是在激烈的市场竞争及国际化趋势的推动下，墨守成规的企业难以生存，企业需要不断完善并进行变革。作为企业的领导者，不仅要学习新的技术知识、管理理念和其他企业的成功经验，还要意识到工作中存在的问题和不足，促进组织中全体员工不断创新，激活企业的活力。当面对变革中的困难时，领导者发挥措施落地的核心在于抓住关键问题、明确变革方向，并通过由上到下的行动和由下到上的反馈，使得组织变革工作能够有效地进行。

三、总裁领导力五要素

总裁领导力是一个公司领导层级中的最高领导力。我们常说的“领导力”是支撑领导者行为的各种领导能力的总称，总裁领导力是支撑总裁行为的各种领导能力的总称。“各种领导能力的总称”意味着总裁需要整合各种领导知识，并且具备运用知识的能力，并通过领导实践使用这些知识，并且把运用知识的能力升华为领导力；同时还意味着总裁需要将这些知识和能力应用到自己的领导行为中去，从而影响群体或组织的目标，并致力于实现这个目标。

企业组织要实现持续发展、走向成功，就必须保证三点：一是制定正确的战略，当然制定的过程需要全员参与，领导者要把握制定的全过程；二是打造高素质的组织团队，确保战略能够得到有效执行，并形成相对灵活的管理系统；三是发挥目标清楚、状态良好的领导力量，以保证组织成员相互信任、协作，最终达成目标。总裁领导力，作为支撑总裁领导行为的各种领导能力总称的领导力，其着力点是就是在领导过程中做到这三点。通过对领导过程的分析，可以认为，领导者必须具备感召力、前瞻力、影响力、决断力和控制力！

1.感召力：最本色的领导能力

感召力是杰出领导者形成气质所需要具备的能力，就像杰出的领袖人物独具的魅力一样，它能够使组织成员真正从心里佩服你，认同你所说的每一句话，因此它是最本色的领导能力。要想打造杰出领导者的气质，就要具有感召力，感召力主要来自以下五个方面：一是信念和理想的感召，一个没有坚定信念和崇高理想的人是得不到追随者的；二是人格和自信的感召，一个没有高尚人格和坚强自信的人是得不到追随者的；三是三观和修养的感召，一个没有正确三观和良好修养的人是得不到追随者的；四是智慧和阅历的感召，一个没有聪明智慧和丰富阅历的人是得不到追随者的；五是进取和激情的感召，一个没有进取精神和激情作风的人是得不到追随者的。

感召力在领导学理论最经典的特质理论研究中是一个核心主题，作为最本色的领导能力，我们不妨对此展开讨论一下。

着重研究探讨领导者的品质和特性是领导特质理论，也称素质理论、品质理论、性格理论。20世纪，早期的领导理论研究者认为，领导的特质与生俱来，只有天生具有领导特质的人才有可能成为领导者。不过，这种天生特质并不是只属于少数人的“专利”，最新的研究成果来自世界经理人集团，以及国内最近的一些研究。

世界经理人集团是一个全球领先的战略咨询、管理培训、人力派遣、商业媒介机构，专门为忙碌的商界精英和专业人士提供专业化、国际化的职业提升方案、自我学习的工具，以及在线互动平台。它的总部在美国纽约，在中国设立了许多分支机构，包括中国香港特别行政区、北京、上海、深圳、广州、杭州、南京、重庆、武汉、大连等。该机构曾经组织世界经理人网站用户、中国企业领导人和管理专家对企业领导人特质进行评选，“建立远景、信息决策、配置资源、有效沟通、激励他人、人才培养、承担责任、诚实守信、事业导向和快速学习”是评选出的中国企业领导人具备的10大特质。

另外，国内有学者也对领导个性特质进行过研究，比如有的对党政部门的处级领导进行研究，发现其特质由“责任心、情绪稳定性、社交性、自律性、决断性和创新性”6个因素组成；还有的对中国高校及教育系统领导干部的人格特质进行研究，发现“开拓与组织适应性、宜人与合作性、自信与进取性、责任与条理性、稳重与务实性、身心健康与理智性、自治与成熟性”7个维度30个特质条目构成了高校和教育系统领导干部的人格特质系统。

从最新的研究成果来看，领导的特质表现需要培养和挖掘，也可以说每一个人都有天生特质，关键是是否能够激活它。

2.前瞻力：关注、预测及把握未来

前瞻力就是能够看到常人看不到的未来，并具有为未来谋划的能力。百度百科的解释是：前瞻力就是在当前这个充满不确定因素的商业环境中，领导者是否能够看清组织的发展方向和路径，有远见地规划团队长远策略，正确预测未来，从而实现团队的目标。

从本质上讲，前瞻力是一种领导特质能力，它能够着眼未来、预测未来及把握未来。具体分析，前瞻力的形成主要与下述因素有关：一是领导者和领导团队的领导理念；二是组织利益相关者的期望；三是组织的核心能力；四是组织所在行业的发展规律；五是组织所处的

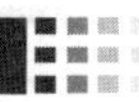

宏观环境的发展趋势。

当前世界经济形势异常复杂，企业要想在瞬息万变的市场竞争中立于不败之地，除了要有独一无二的核心竞争力，还要有敏锐的前瞻力。领导者的前瞻力，就如下围棋，算别人算不清的目，看别人看不到的眼。中国培训界有专家认为，培养前瞻力关键是要有预测思维，其主要作用包括以下三点：一是提高预测能力，跟上时代步伐，适应形势发展需要；二是强化创新意识，解决发展中的困难，应对市场竞争的挑战；三是科学化的决策，做好变革预案，优化流程再造。

3.决断力：快速和有效地决策

决断力是领导者所需具备的基本能力，是针对战略实施中的各种问题和突发事件而进行的快速和有效决策的能力。在决断力的背后，有很多的能力支撑点，比如对事情全面调研了解的考察诊断力，对形势发展的趋势推断力，对现象准确的分析判断力，对承担决断后结果的勇敢了断力等。这是一位领导者综合能力的具体体现，主要表现为：一要掌握和善于利用各种决策理论、决策方法和决策工具；二要具备快速和准确评价决策收益的能力；三要具备预见、评估、防范和化解风险的意识与能力；四要具有实现目标所需要的必不可少的资源；五要具备把握和利用最佳决策及其实施时机的能力。

准备、决策、执行与调整是决断的几个阶段，而不仅仅只包含决策这个短暂的过程。如果只是将决策当作一个独立环节操作，制定完一项决策就赶着去制定下一个，那么在执行时注定会遭遇失败，因为这些决策缺乏必要的支持。因此，只有将准备、决策、执行与调整这几个阶段当作一个系统过程来操作，才能构成一个完整的决策链条，决策才有实际意义，也才能带领企业走入飞速发展的轨道。

4.控制力：有效把握组织方向和实施过程

控制力是与决断力平行的一种能力。它是一种综合能力，很多企业失败的主要原因是组织混乱，因此领导者要具备有效控制组织的发展方向、战略实施过程和成效的能力。领导控制力的展现主要有下述方式：一要确立组织的价值观并使组织的所有成员接受这些价值观；二要制定规章制度等规范并通过法定力量保证组织成员遵守这些规范；三要任命和合理使用能够贯彻领导意图的管理者来实现组织的分层控制；四要建立强大的信息力量以求了解和驾驭局势；五要控制和有效解决各种现实的和潜在的冲突以控制战略实施过程。

梳理国内外许多学者对于领导者控制力的论述，诸如组织手段、法律手段、经济手段和精神手段等，发现多数学者比较倾向于通过组织手段实施控制。不过这些手段都是基于“权力”的，而从“激活总裁领导力”的角度出发，基于“权力”的控制方法从根本上说还是应该注重领导者自身的修炼。在这之中，领导者有成熟的思想和价值

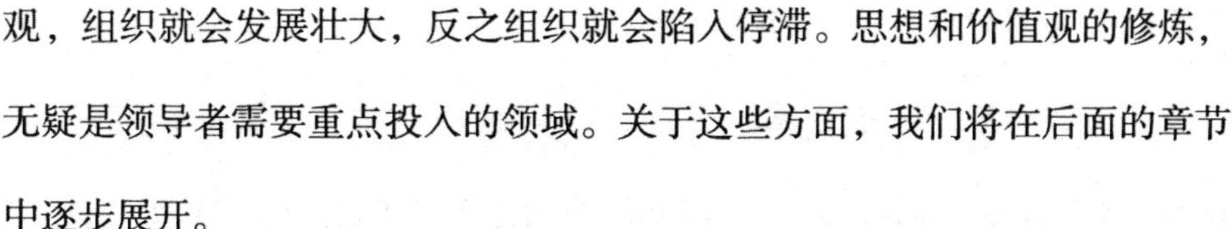
观，组织就会发展壮大，反之组织就会陷入停滞。思想和价值观的修炼，无疑是领导者需要重点投入的领域。关于这些方面，我们将在后面的章节中逐步展开。

5.影响力：积极主动地影响他人

领导者的影响力是前瞻力、决断力和控制力有效变成现实的关键。领导者的权力性影响力和非权力性影响力是构成领导影响力的两个基本要素。权力性影响力又称为强制性影响力，这种影响力主要来源于法律、职位、习惯和武力等。在这种方式作用下，权力性影响力对人的心理和行为的激励是有限的。而非权力性影响力主要来源于领导者个人的人格魅力，来源于领导者与被领导者之间的相互感召和相互信赖。激活总裁领导力强调的是，开发和挖掘领导力或开发和挖掘领导潜能，主要指的是开发和挖掘个人非权力性的影响力，而不是职务权力性的影响力。因此，我们所说的影响力主要是非权力性的。

企业领导者如何影响企业组织成员的关键在于诱导，利用人性去诱导，也就是以积极主动的态度和方法影响被领导者。具体来说，其主要体现为以下几点：一是领导者对被领导者需求和动机的洞察与把握；二是领导者与被领导者之间建立各种正式与非正式的关系；三是领导者平衡各种利益相关者，特别是被领导者利益的行为与结果；四是领导者与被领导者进行沟通的方式、行为与效果；五是领导者拥有的各种能够有效影响被领导者的权力。

“人格因素、才能因素、知识因素、感情因素”是激活领导者影响力的4大因素，因此培养与提升影响力最直接的方法是强调“塑造形象、增加专长、维护威信、自信果断、关心下属”等。这些也可称其为直接影响力。不过这里要说的是另一种影响力——间接影响力，即源于意识和潜意识的影响力。掌握间接影响力对“激活总裁领导力”无疑具有特殊意义。

人的大多数决定是由潜意识做出的，对目标的追求大部分是潜意识的。如果一个领导者能够把目标直接“写入”他人的潜意识中，而不需要采用命令、要求的方式，这种通过潜意识发挥作用的方式就是暗示，也就是间接影响力。

环境能对人产生暗示或者说是影响作用，如对于一个想锻炼身体的人来说，球拍、运动服、健身房等都可以起到暗示的作用，激活他想去健身的动机。企业领导者利用环境实施影响有很多方法，比如将优秀员工的照片张贴上墙是可以起到激励作用的，在客户所在的场地里挂上各种标语口号也是有效果的。现实中这样的例子举不胜举，其实都是在施加影响。

再如，当我们看到别人努力做某事并最终取得成功，会对我们产生感染力，会唤醒我们内心的力量。“榜样的力量是无穷的”，对于下属来说，领导者就是一个现成的榜样。领导者所处的位置决定了他

就是激活下属潜力而使下属产生共鸣的人，如果领导者能够以自己的行为树立好的榜样，必将对企业组织成员产生积极的影响。

最后需要进一步说明的是感召力、前瞻力、决断力、控制力和影响力的排序问题。

感召力处于领导能力的顶层，是最本色的领导能力。一个人如果不能以自己的特质感召于人，就只能成为一个管理者，而不能修炼为一个领导者。

前瞻力、决断力和控制力处于领导能力的执行中层，是有效行动的领导能力。谋划、决策、管控是展现领导能力必不可少的三个环节。领导者不能只想着自己一个人成为“完人”，还要想着如何带领群体或组织实现启用使命。这就要求领导者具有前瞻力，要能看清组织的发展方向和路径。但不能仅此而已，因为在实现目标的过程中，随时都会出现新的意想不到的危机和挑战，这就又要求领导者具备超强的决断力和控制力，在重大危机关头能够果断决策，控制局面。

影响力是对领导能力执行中层全面支撑的基层，是更坚实地完成使命的领导能力。没有影响力，也就没有追随者；没有追随者，如何将前瞻力、决断力和控制力的成果“变现”？

基于上述分析，领导者的领导力应该由下而上开始激活训练，但真正体现领导力的路径和方法还是从上至下的贯通。

四、总裁领导力五层次

提升总裁领导力，包括五个层次，即服从、认同、产出、利他、巅峰。这也正是一个人的修炼过程。领导力不完全是由领导职层的高低来实现的，更多地由领导者水平的高低来实现。领导职层指的是领导者职位的层次，领导职层越高，越需要花费更多时间与精力再上新台阶；领导力层次的高低决定了领导者水平的高低，领导力层次越高，领导力的实现就越容易。领导力征程上每提升一个层次都需要日积月累，而后退却是瞬间可成的。

1.服从：因为你的职务才听你的

当你被任命为某个团队或组织的领导者时，你就处于职位这一层次的领导力上。处于职位层次的领导者所拥有的影响力来源于他的职位头衔，这时的人们服从于你，乃是因为职务被赋予了一定的权力，所以人们非听你的不可。

提升领导力，大部分人都是从职位开始的。严格来说职位上的领导力是管理能力，但又是领导力的入门。事实上，职务被赋予权力的同时，也赋予了你责任。如果你只看到或只会利用职务赋予你角色的权力，而忽视或看轻、漠视等同份量的责任，那么，你的领导力仅仅停留在职位上，且“领导”也将名存实亡。

每个人都有领导潜质，但某些人之所以被赋予领导职位，往往是因为他们的领导潜质已初露锋芒。当一个人获得领导职位和头衔时，某种程度的权威或权力会随之而来。可领导头衔只是提供了一个发挥领导能力的平台，如果想有所作为，在“入门级”提升领导力之后，首先要做的是不再依靠职位来强迫别人。最顶尖的领导者从不用自身职位来达到成事的目的，而是运用其他技能来影响他人的行动。其次要走到员工中间去，要离开高高在上的职位。优秀的领导者认为走到员工中间去是他们的责任，因为他们很清楚头衔所拥有的实际价值很小，懂得“要想推动世界，先要自己行动”的道理。

2. 认同：愿意听你的才追随你

当领导者开始学习在认同层面上实施领导，就会得到追随者。比如，你在职务上的行为符合拥有该职务的要求，即你的领导思维是清晰的，在责权方面的行使权力是符合职务需求的，那么，员工就会从服从者向追随者转变。因为员工愿意听你的，所以才追随你。

拿破仑能够很清楚地知道军队中每个军官的名字，他喜欢在营地漫步，与军官们打招呼，并和参加演习或战役的军官商讨相关事宜。他从不错过询问士兵家乡、家人情况的每一个机会，他甚至对每个士兵的具体信息都了然于心。也正因为如此，士兵才愿意追随他。

由职务到认同你本人，是你领导力的一个提升，也使你向领导力的大门迈进了一步。获得认同后，每一位员工都更加热爱自己的工作场所，但同时要背负起建设良好人际关系的压力。完全基于对人际关系的把握，才是认同型领导。其着眼点已非维持自己的职位，而在于如何了解身边的人，并努力探寻和他们的相处之道。首先，与他人沟通之前要了解自己——了解自己的长处与弱点，从客观实际的角度审视自己并勇于面对现实，明确每个人都要为自己的行为与态度负责，努力提高培养人际关系的能力。其次，培养以人为本的领导风格，更多地从员工的情绪出发、从人的能力考量，先去倾听、去了解，然后再实行领导职责，同时要成为团队的主要激励源泉，并且积极努力地找到关爱与坦率之间的平衡点等。

3.产出：对组织必须做出贡献

产出原指的是用工具创造各种生活资料和生产资料，而领导力中的生产则是领导力言行一致的表现，是领导组织不断创造财富与解决问题的活动。也就是说，领导者能够为他所领导的组织带来看得见的产出行动，组织因为你的领导而有所成就。生产层次确立了领导力上的公信力，是领导力真正起飞的地方，也是一个更高的新层次。

优秀的领导者不仅个人能高效产出，更能带领团队实现“生产”。美国独立战争时期的总司令华盛顿就是一位生产型领导者。有一次，他看到一群士兵正努力地把一根木头抬到高处，带头监工的班

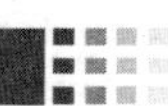

长在一旁为士兵们加油鼓劲，然而士兵们始终不能完成任务。看到这一幕，华盛顿问那名班长为什么不过去帮忙，那名班长说：“你没看出我是班长吗？”华盛顿笑着说：“我看出您是班长了。”说完，他便走过去和士兵们一起把木头抬到恰当的位置。任务完成后，他对大家说：“如果你们还需要帮助，叫上我华盛顿——你们的总司令，我会很乐意帮忙。”这句话让在场的人备受鼓舞。

要想获得较高领导力，领导者必须实现从生产者到培养者的转变。首先，领导者应亲自将自己的员工带到他们想去的地方，而不是将任务发布给他们就不管了，还要能解决大量的实际问题，并发挥出自己的榜样力量。其次，高效生产的领导者是其所领导员工的表率，他们自身的生产能力为整个团队建立了标准。那些能够生产价值的人都有机会在更高层次上影响他人，如果你可以建立起牢固的人际关系并能够生产价值，那你就能成为一名高效的领导者。最后，让组织的未来梦想与愿景更加清晰与实际。生产层次的领导者通过实际行动来传递理念，帮助员工以一种前所未有的方式来理解它，当追随者看到积极的成果，看到眼下目标得以实现，他们会对未来梦想与愿景的实现有更清楚的认识。

4. 利他：“立人”的核心思想

对人才的培养与授权，在领导力中叫作“立人”。“立人”的核心思想就是利他：唯有利他，才能“立人”！“立人”是领导者对自己的更高要求，需要通过复制并升华自己的领导模式，使得组织可以健康裂变，经营管理在裂变中壮大，这也就是利他。“利他”致力于人的发展与培养，帮助团队中的每一个个体提升自我、发挥潜能，这是领导者最大的成就。不能利他，是领导者对员工和组织的最大犯罪！

安德鲁·卡内基，这位曾经的美国首富，曾拥有43位百万富翁为他工作。有人问卡内基是怎样聘请到这43位百万富翁的，卡内基说，这些人开始为他工作时还不是百万富翁，发掘人才与采掘黄金一样，开采出的金矿必须经过不断打磨，并且要剔除表面杂质才能获取一盎司黄金，人才培养也要经过这样的过程。

在利他层次，优秀领导者投资时间、精力、金钱和思想，来培养其他领导者。他们观察每一个人的头衔、地位、年龄和阅历，试图度量其发展为领导者的潜力。鉴别并发展潜在对象对组织有着积极的影响，因为发挥人的最佳状态能够促进整个团队保持最佳状态。把关注点从组织中其他人的生产力转移到他们的潜力开发上，这一举措将给组织带来革命性的变革，并带来更光明的未来。事实上，你提升的不仅仅是他们，也不仅仅是带给组织光明的未来，同时你将找到改变世界的最好途径。

在操作方法上，首先，尽可能发现最优秀的人。成功招募的关键在于你对目标人才有清晰的定位，比如抗压能力、完成特定任务的能

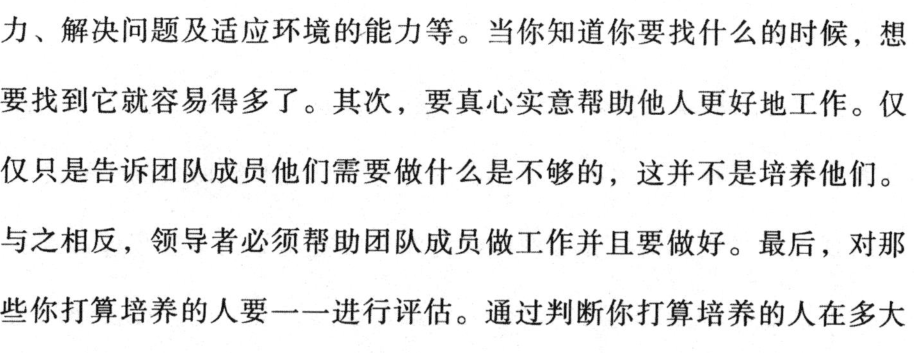

力、解决问题及适应环境的能力等。当你知道你要找什么的时候，想要找到它就容易得多了。其次，要真心实意帮助他人更好地工作。仅仅只是告诉团队成员他们需要做什么是不够的，这并不是培养他们。与之相反，领导者必须帮助团队成员做工作并且要做好。最后，对那些你打算培养的人要一一进行评估。通过判断你打算培养的人在多大程度上能够独立工作，可以衡量他们在领导力培养中所处的位置。

5.巅峰：领导力的自我超越

建立在第四个层次基础上的升华叫作巅峰。这是领导力最高的也是最难以企及的层次，大多数领导者都要在人生后期才能到达人生巅峰。要达到这一层次，某种程度上也需要具备高水平的天赋，而不仅仅是努力、技能和意向。

巅峰型领导者与众不同，他们似乎不管走到哪里都能给他人带来成功。在此层次，领导力会提升整个组织，并创造一种有益于团队中每个人的工作环境，进而促使他们成功。例如，前南非总统纳尔逊·曼德拉的权威几乎没有界限，每个人都尊敬他；另有通用电气的CEO杰克·韦尔奇，即便已经不再领导通用电气，但人们还是纷纷向他寻求领导力意见；还有爱因斯坦的名望可以说远超出学术与物理学的界线，他的影响力在他死后也延续不绝。这就是那些能够最终达到巅峰的领导者所能取得的成就。他们的影响力是富有延伸性的，他们的名望是传奇性的。

领导力的巅峰特质不同凡响，更是不可思议。它是一流顶尖的领导者成就一流顶尖的组织。领导者的能力与影响是同时代的楷模或已经超越了同时代。要培养这种巅峰特质，关键是做出更多超越自我的贡献，比如确保在最高层次给他人留出足够的发展空间，以及帮助别人迈向领导力的巅峰等。

综上所述，领导力的服从、认同、产出、利他、巅峰不应该是名词而应该是动词，基于权力的服从是领导力入门级，基于责权清晰的认同是领导力刚刚开始的阶段，基于奉献的产出是领导力表现的重要活动，基于培养人的利他是领导力壮大队伍的体现，成功的巅峰则是领导力的一种自我超越。可见这是一个动态的过程，并不是一直停留在某一个层次，而是会向上也会向下的活动。其界定与评价，皆来自组织内外的各个方面，因人而异，因时不同，因地有所区别。

五、总裁领导力的特点及应具备的能力

企业的兴衰成败的核心所在是领导力。有人说，领导力看不见、摸不着，不知如何拥有，不知如何提升。其实，提升领导力是有法可循的，首先要清楚具有总裁领导力的人都有哪些特点，这样才有助于

掌握相应的能力，成为一个合格的领导者。

1. 总裁领导力的特点

领导力有很多特点，诸如热情、稳定性、关心他人、有活力等。总的来看，针对总裁领导力而言，下面几个特点是比较普遍的。

一是远见和使命。对需要达成的目标有一个清醒的认识是良好领导力的重要保证。提升远见，在于花时间找出你需要实现的目标，然后制定步骤达成目标。

远见和使命是相融共通的。通常远见会通过一个使命宣言来传达，如华为的使命是“聚焦客户关注的挑战和压力，提供有竞争力的通信解决方案和服务，持续为客户创造最大价值。”这个使命宣言，正是体现了华为初心的远见。而今来看，华为的存在，的确丰富了人们的沟通和生活。现今，华为的确秉承着自己的使命，形成了无线、固定网络、业务软件、传输、数据、终端等完善的产品，为客户提供端到端的解决方案和服务，持续创造客户价值。

二是强烈愿望。个人及组织达成一切目标的前提必须要有强烈愿望。事实上，优秀领导者的愿望与企业未来具有高度的相关性。如果企业领导者怀有强烈愿望，希望企业做强做大，就会寻找企业成功的基因。世界五百强中绝大多数企业都开展了这项工作，万科、华为、联想、中国移动等很多国内代表企业的领导者，都致力于寻找并打造企业成长的基因，而这些企业也正因为如此才不断壮大。

如果心中抱有强烈的愿望，理所当然的，就必须要理性地思考达成此愿望的战略和战术。使用何种手段，以怎样的步骤推进，这是制定目标的领导者必须反复思考的问题。

三是正直，即诚实可信，言行一致。管理大师彼得·德鲁克认为，领导者要遵循的第一条原则就是要保持绝对的正直。在任何商业行为中，最重要的品质就是正直。

美国强生公司曾因一个非处方类止痛药产品泰诺导致几名购药者死亡，这件事情的发生，引起了大范围的恐慌，泰诺的销量大幅下跌。强生公司立刻在全国范围内召回全部泰诺胶囊，并且设立了危机处理的热线电话，消费者可以直接打电话了解事件的进展。公司对该事件进行了调研，最后发现装泰诺的瓶子被人动了手脚，于是公司对所有生产药瓶的工厂展开公开调查，并确认致人死亡的氯化物是在生产过程中被人为的投放入瓶内的。同时，投入了数十万美金的广告，一再劝告消费者在确保药品安全之前，不要服用该药物。媒体和普通民众对强生公司表示大力支持，强生公司以绝对的正直和坦诚赢得了民众的尊重。

就领导者个人而言，领导者的是非观、价值观不应该与商业伦理区分开，即使在商业活动中也应该保持绝对正直。领导者的信誉就是正直和诚实的一种展示，因为有信誉的领导者会遵循自己的行事原则。

四是自信，这也是非常重要的一点。领导者与非领导者的角色区别，就在于领导者的角色是具有挑战性的，而挫折是在所难免的。在不确定的情况下敢于做出决策需要自信，自信能让领导者克服困难，并且能逐渐将自信传给其他人。

可能与不可能更多地取决于我们的态度。有很多不可能都不是真的不可能，而是我们认为的不可能。为什么会认为不可能呢？这就是因为缺乏自信。世界科学领域本来应该拥有更多的牛顿、爱迪生、达尔文和爱因斯坦，世界文坛本来也应该拥有更多的托尔斯泰、巴尔扎克、罗曼·罗兰和狄更斯……然而，许许多多本来可以成为杰出人才的人最后没有成功，很大程度上是因为缺乏自信。缺乏自信，就没有勇气选择奋斗的目标，就没有在事业上出人头地的梦想，就没有战胜困难的勇气，于是得过且过，随波逐流……一个人要想写下无悔的人生，就要点亮自信的明灯！

自信是一个国家民族健康发展的心理基础，领导者的自信对整个团队、整个企业组织乃至整个国家都具有十分重要的意义。

2.总裁领导力应具备的能力

激活总裁领导力的关键在于，掌握并提升领导力应具备的能力。具体而言，应该注重以下几方面的能力：

一是战略制定的能力。选择了战略，就选择了方向，选择了未来。这种选择不是简单的挑拣，而是十字路口的抉择。例如，在当下的时代，企业的人才战略，无论怎样渲染甚至夸大人才的重要性都不为过。谷歌公司最顶尖的编程高手杰夫·迪恩曾发明过一种先进的方法，该方法可以让一个程序员在几分钟内完成以前需要一个团队做几个月的项目。他还发明了一种神奇的计算机语言，可以让程序员同时在上万台机器上用最短的时间完成极为复杂的计算任务。毫无疑问，这样的人才对公司来说是有非常特殊的意义的。现在杰夫·迪恩已经是谷歌首席架构师，也是谷歌的人工智能团队谷歌大脑的负责人。

“以人为本”——企业各层级领导者应当把此理念视作自己最重要的使命之一，发掘、发现人才而不遗余力，把适合企业特点的优秀人才吸引到自己身边。企业只要拥有人才，就可以实践任何宏伟的战略。企业若不注重人才战略，就会让更多的员工选择“跳槽”“走人”，如此这般，即使再壮丽的企划也只能是一纸空文。

二是执行落实的能力。把思想、规划、措施变成行动的能力是执行力。执行落实是用对的人、对的系统、对的机制和对的文化达到结果的过程。为了让战略驱动运营，让绩效驱动改善，执行落实就能够推动企业良性循环。

领导者执行落实若要强力有效，不是只靠自己的行为，还要能够积极整合资源，积极主动并全力以赴地带领追随者不折不扣地完成好企业的发展任务，取得实实在在的效果。针对企业内部的各级部门，

领导者更要能够善于沟通协调，争取下属能够配合领导完成相应的经营管理任务等。

三是开拓创新的能力。创新是时代主旋律，是我们这个民族的灵魂，是我们这个国家兴旺发达的不竭动力。领导者的开拓创新能力包括想象力、洞察力、记忆力、联想力、直觉力、分析力、实践力、沟通力、推动力等，是一种典型的综合能力。

开拓创新，概括起来就是两个字：敢闯。微软公司用“试错法”来促进新员工学习。新员工在进公司的前几天，会被安排与经理们及来自其他专业部门的高级人员见面，在听完有关开发周期的一个方向性简介后，开发经理即派给新员工一个单独的任务或让新员工与专门小组一起工作。在这个过程中，允许员工犯错误，并由最好的专家来检查工作和纠正错误，鼓励和帮助新员工的创新意识，也切实有效地提高新员工实际工作的能力。

世界上的问题很少有非黑即白的解决方案。通常情况下，需要一位能够“跳出条条框框思考”的领导者想出解决方案。换句话说，领导者必须具备创新思维，同时要帮助整个团队培养创造力和创新能力。运营一个团队可以极具创造性，比如作为领导者，每天都可以提出想法，给团队提出指导方针，让团队成员想出一些点子来解决问题等。

四是学习转化的能力。把知识资源转化为知识资本的能力是学习力，是学习型组织管理理论的核心理念，也是终身学习理念的重要指标。领导者的学习转化能力，主要是包括其自身学习的质量、速度和效率，更包括学以致用的创新程度和把学习成果转化为价值的程度，还包括率先垂范推动所在组织开展集体学习、创造创新、交流共享、达成共识、统一行动的过程。

如果一家公司的产品质量好到令人惊叹，但一到与买家做生意时却说不出产品究竟好在哪些地方，对产品未来趋势也缺乏了解等，那么这家公司将做不成任何生意。无数正面例子证明，领导者通过学习转化能力的修炼，有助于个人职业生涯发展并促进组织转型升级。

第二章

激活的“心智模式”：舍我其谁，唯我独傲

每一个伟大的领导人都不应该模仿他人的风格或特质，否则就只是个“传声筒”没有自己真实的内在。德国著名哲学家尼采有一句警世格言：成为你自己！事实上，我们每一个人身上都具有总裁领导力的潜能，都拥有领导人的潜质，只要开始投注心力，就能培养和激活自己的领导能力。

一、健康的身体状态——生理因素与领导力密切关联

人体犹如电脑的硬盘，总有一种潜藏能量有待开发，这就是我们常说的“潜能”。依据能量守恒和转化定律，能量不会消亡，也不可创生，它只能从这种形式转化成那种形式，就是由甲变乙，由乙变丙，无穷转化和转移。在这一过程中，保持不变的只有能量的总量。因为具有隐蔽性质的潜能绝不是凡人所能看到的，能够有效地认识和开发自己潜能的人是少有的，甚至是没有的。其实，人通过转变思维模式，有意识地去学习技巧，刻意努力地培养自己的感受力、领悟力及意志力等，就能够激活自己的潜能。

1. 心理潜能与生理潜能

对人而言，潜能只有两种，即心理潜能与生理潜能。

心理潜能是心理活动过程中产生的精神能量，它包括智慧、情感、意志和个性的潜能。一般情况，只要有心理活动就存在着某种潜能，往往这些不可预估的潜能都可以通过特殊的训练逐步激活释放出来。能力发展对于绝大多数人来说是不均衡的，潜能的激活释放也是不均衡的，每个人都有自身的特点，所以个人潜能的激活释放，其前

提要正确认知自己，获取智慧人生。

生理潜能是生物机体内各种细胞组织的不同生理功能所产生的生物化学能量。生物细胞或生物器官的生理功能千差万别，并且都可以用不同的物理量来进行衡量。各种生理功能之间难以进行相互比较和度量，但是它们有一个共同特性，那就是它们的形成、生长与运行都是由生物化学能量转化而来的，其转化也都是以消耗一定数量的生物化学能量为代价的。所以，才提出“生理潜能”的概念。

生理潜能基本来源也有两个：生物化学能和食物类物质。生物化学能是通过代谢性劳动过程转化为生理潜能；食物类物质是通过人的生理性消费过程转化为生理潜能，其客观目的在于替代、扩展和强化生物化学能的生物功能。正常情况下，生理潜能融聚在生物器官之中，当生物器官履行它的生物功能之后，这种潜能就会立即消失。

需要强调的是，潜能的激活和释放都存在着极大的心理因素。例如，一个最多只能做50个俯卧撑的人，如果做到80个俯卧撑，通常都是靠意志力在坚持；如果能够做到120个俯卧撑以上的人，则靠的是心理潜能的激活。所以，从广义而言，我们探索的任何潜能都属于心理潜能。

2.生理因素与领导力

“身体是革命的本钱”。领导者的身体素质是极为重要的，它是所有素质的生理基础，只有使身体保持健康的状态，具备强健的体魄和旺盛的生命力，才能更好地发挥出卓越的领导力。这是不言而明的道理，但不是所有人都能做到，如果明白了并且做到了，这对于领导力的激活无疑具有重要的指导意义。

企业组织可以从理解生理因素和领导潜能之间的关系中受益，通过体能训练，提高领导者的身体素质，才能把工作做得更出色。现实中，有些企业领导在高强度、高密度的工作状态下，依然保留自己的兴趣爱好，有的养生，有的怡情，大都乐在其中。

例如，搜狐公司董事局主席兼CEO的张朝阳和其他17名勇士，曾成功横渡兴城海峡，创造了中国第一个海上马拉松的历史传奇。创造万科奇迹的老总王石，有登山之瘾，在喜欢登山之前，王石曾经被医生诊断，下半辈子可能需要在轮椅上度过，然而此后四年，他却成功登上了11座高峰。另一个房地产大亨潘石屹，经常在微博中分享自己的跑步经历，天坛、北海公园、后海、奥森公园等都是他的跑步地点。而不可争议的当今中国首富马云，却比较喜爱温和的室内运动，其中最喜欢的是“打太极”……客观地说，这些人通过体能锻炼，其领导力可谓更上一层楼，单单从对他人的影响这一点，就足以说明问题。

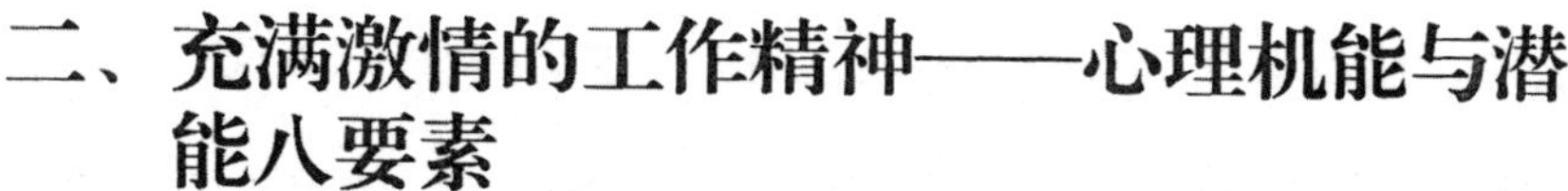

二、充满激情的工作精神——心理机能与潜能八要素

“激情进取”“激情工作”是很多企业管理者常挂在嘴边的一句话。激情，是一种积极有为的工作态度，是一种饱满并充满活力的精神状态。点燃激情可以引发潜能，激活领导力，即将目标、兴趣、需求、动机、意识、情感、个性和心态等每一项潜意识都充分地调动起来，而这也恰恰是心理机能与潜能的八项要素。

1. 目标：推动和引领潜能的开发

目标，从字面上来解释，就是眼睛能看到的并自己想达到的点，是人们射击、攻击或寻求的对象点，也指想要达到的地方或标准。潜能的激活与开发，需要以目标的设定来推动和引领。例如，当你确定只走1000米路程的目标时，在完成800米时，你可能就会觉得疲惫而松懈了。但如果你最初的目标是1万米，也就是10千米，那么你便会做好心理准备，调动各方面的潜在力量，这样你很可能在走完8千米时，才会觉得有些累。这说明了什么？说明设定一个远大的目标，可以更大程度地激活人的潜能。

人生命意识里的根本需要是寻求更大领域、更高层次的发展，也就是说人的欲望应该永远高于他现有的能力，这样才有激活、培养潜能之说。当我们知道人有这种意识的时候，只要能刻意地对这种意识给予足够积极有益的暗示、引发、谋划和培育，就能激活潜能，释放潜能，让潜能变成实力。对人生每一个阶段来看，实现一个目标，意味着一次自我突破，也是一次自我成功。因此，不是所有的努力奋斗都有结果，只有根据自我设计的目标而进行奋斗努力，才能把潜能完全激活、发挥出来，从而使自己成为最理想的人，完美实现自己的理想设计。

2.兴趣：兴趣是催生潜能的燃料

兴趣，是人们的一种喜好，指人认识某种事物或从事某种活动的心理倾向。一个人的兴趣往往是个体特定的态度和情绪，它是以特定的事物、活动及人为对象所产生的积极的且带有倾向性的选择。兴趣是催生潜能的燃料，是激活潜能的引擎，可以让我们进取。尽管外面的世界一直在变化，但我们内心的那份执着不能变，要坚守自己热爱的那份事业。成功的本质就是不断在自己热爱的领域继续前行，这样我们自身的潜能才会被不断激活、挖掘，这是拥有兴趣的最高境界。

兴趣是最好的老师，我们要听从内心的召唤，让兴趣激发、激活我们固有的潜能。当一个人从事他感兴趣的工作时，那么个人的潜能将会得到最大限度的发挥，而且更迅速、更容易获得成功。乔布斯的成功来源于把个人兴趣与自己的天分结合在一起，他对电子行业的兴趣不仅成就了他，也成就了苹果公司，最终开创了电子产品的一个时代。

兴趣是最强的动力，它是无形的，具有很强的驱动性。我们之所以非常投入某件事情或某项活动并留下深刻的印象，就因为我们感兴趣，感兴趣会让我们乐此不疲。所以，每个人会给予自己感兴趣的事物以优先关注和积极探索，并都将表现出心驰神往。当然，兴趣和个人的认识有关，也和情感密切关联。如果一个人不知道某件事情或某项活动，他就没有情感，对此也就不感兴趣；相反，理解认知越深，情感越丰富，兴趣就越浓厚。这对我们培养兴趣爱好是有指导意义的，能促使我们更加关注必须做的事情。例如，有些人着迷集邮，认为集邮不仅具有收藏价值，还具有观赏价值；不仅可以丰富知识，还可以培养情感。由此，收藏越多、越丰富，投入情感也就越多，关注度也就越高，也就越感兴趣，越有可能发展成为一种爱好，激活他集邮的潜能。

3. 需求：了解需求才能激活潜能

需求，是人类的欲望目标，指人们感觉上的某种不足或短缺，是促使人们产生购买行为或努力奋斗的原始动机。要更好地激活潜能，必须了解自己的真正需求。需求多一些，激活开发人的潜能就会多一些。那么人都有哪些需求呢？马斯洛认为，每个人都潜藏着五种不同层次的需求，即生理、安全、社交、尊重和自我实现等方面的需求。只是需求的迫切程度，在不同的时期表现不同。实际上，五种需求的本身就是潜能。在这个意义上说，满足我们自己的需求是最贴近人性的。

彼得·德鲁克认为，管理的本质就是管理者要做的事，即激活和释放人本身固有的潜能，以此创造价值，为他人谋福祉。因为我们天天都要面对人性中的善和恶，面对人的潜能、长处和弱点。管理实质上，就是千方百计去激活和释放每一个人的善、每一个人的潜能和长处。

人的需求，恰恰有助于激活潜能，但这里的需求强调的是对自己的需求，对外则要求不高。用简单的语言来说，就是要丰富内心、锤炼修养等，这方面的需求越多越好。

4.动机：需求背后的潜能力量

从心理学的角度来看，动机是指引起、维持人的活动，并将这种活动引领指向内在目标的心理过程。通常理论认为，人的动机具有三方面功能：一是激活功能，激活人的个体而产生某种特定行为；二是导向功能，使人的个体行为导向一定的活动目标；三是维持和调节功能，让人的个体行为维持在一定的时间段，同时调节人的个体行为的方向和强度。由此可见，动机是需求背后的潜能力量，它能激活和指

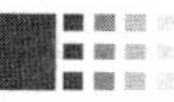

引人们的行为。

明确了自己有什么需求并为需求而努力，动机也就随之产生了。也就是说，在需求的基础上动机才能产生，需求是动机的前提条件，而需求本身可以看作是潜能。当一个人的某种需求没有得到满足时，所产生的动机就会促使人去寻找那些可以满足需求的东西，由此产生能够付诸实施的动机行为。比如，一个稳定的内在环境是正常人体需要的，也就是要保持体温正常，要维持并适当平衡细胞内的水与盐分等。可一旦这些维持并适当平衡发生变异或被破坏时，人体内固有的一些调节机制就将自动地进行校正和修复。但是，这样的行为还不能说成是动机，只有当需求促使人们去活动，并把活动导向某一目标时，需求才成为人的动机。这就是我们讲的，需求产生动机，动机才是需求背后的潜能力量。

5.意识：诱发潜意识，激活开发潜能

“意”，既是自我的意思；“识”，就是认知，包括认识、了解。意识，是一种生命的能量，是一种精神的活动。它有潜意识和显意识之分，二者如阴如阳，进入潜意识状态就是阴，即晚上睡眠形式；进入显意识状态就是阳，即白天清醒形式。

潜意识和显意识更像阴与阳，它们是一体的并且是互动的，显意识负责呈现问题，潜意识负责呈现答案。非凡而不一般人的潜意识和

显意识在某一领域是互通的，而普通人则是二者隔离的，泾渭分明，不再频繁交流，只是偶然因某种刺激而交流一下，这也就是人们常说的灵感。人与人之间没有太大差异，所谓的天才只是从潜意识之中把当下需要解决问题的答案提到了显意识的层次。科学家们将发明成果从潜意识里提取到显意识层面上，就被称为研究开发。

往往潜能的需求和动机，深藏在我们的深层潜意识当中，从这种意义上来讲，潜能就是潜意识。诱发潜意识的力量，就是激活和开发潜能的力量。

6. 情感：情商潜能与领导能力

由外界刺激而产生的积极或消极的心理反应，我们称为情感，如爱慕、喜欢、厌恶、悲伤、恐惧、愤怒等。情感是与态度中的内心感受和意图相协调的，它是态度这一整体中的一个部分，是生理上表现出的一种较复杂而又稳定的体验和评价。

基于上述概念，情感之于潜能具有特殊意义。我们知道，一个人掌控自己的情绪和他人的情绪的能力被称为情商，而情商恰恰属于潜能范畴。由此可以这样说，激活和开发潜能的过程，就是培养和提升情商的过程。

情商，影响到或者说直接关乎一个人能否成功地面对环境的要求与压力。人与人之间的情商没有明显的天生差异，而与后天的培养关系更为密切。所谓提升情商，就是把不能控制的情绪变为可控情绪，由此增强对他人的理解和与他人相处的情感能力。

美国创新领导力中心（CCL）是全球顶尖领导力发展与研究机构，此机构的大卫·坎普尔及同事有个有趣的研究，即“出轨的主管人”，特指昙花一现的主管人员。在这项研究中他们发现，这些昙花一现的主管人员之所以失败，不是因为技术业务上的无能，而是因为他们在人际关系方面的种种缺陷。2013年，该中心已落户我国并在上海成立首个办事处，现已成为在我国与国际公司开展合作的中心，助力中国企业发展。通过这个案例，我们可以很容易地看到，“情商”研究对个体成功和组织人事管理改进的实用价值。

成就卓越领导者的关键是高情商领导力，这种领导力的特点在于，知道自我的优势和短板，能够平静地面对过去，拥有强大的内在驱动力，喜欢钻研和发现他人行事的动机，主动地聆听，坚定地追求自己的目标等。一个领导者要提高自身管理能力和水平的关键因素就是激活和开发情商潜能，不但要能有效地管理自己的情绪，还要能够有效地调动他人的情绪，使团队及相关人员的情绪与自己同频共振。

激活和开发情商潜能，首先，必须树立改变习惯的意识。一般来讲，习惯有两类，一是行为习惯，二是思维习惯。改变行为，可导致思维改变；改变思维，又可导致行为改变，二者互为因果关系。其次，必须灵活运用知识和经验，这不仅能够获得智慧，更是激活和开发情商潜能的重要途径。最后，必须掌控自己的情绪，这是激活和开发情商潜能的核心，可以说，这是重中之重。领导者要掌控自己的人生，一定要掌控好自己的情绪，管理好自己的情绪。

7. 个性：决定潜能激活的程度

个人的精神面貌或心理面貌是为“个性”，它是一个人身上经常而稳定地表现出来的心理特征的总和。一个人一生下来，就带来了人的物种的基因。此种基因会为人的发展提供广阔的可能性，但这种发展的可能性是无定向的，它只能表示出人原始固有的丰富的潜能之所在。要使这种潜能得到发展，明确发展的方向，并且达到一定的水准，反而取决于后天的教育条件，尤其是取决于良好的个性素质的培养和提升。

世界上没有两片完全相同的树叶，也不存在两个绝对相同的人。每个人都有独特的风格，都会与别人有所不同。风格中的个人特性有一定的意识倾向性，它体现为个性的兴趣、需要、动机、能力、性格及信念、人生观与世界观种种方面的不尽相同。所有表现出的个性倾向，既有有利于激活潜能的积极因素，也有不利于激活潜能的消极因素。激活潜能的积极因素包括兴趣广泛、精力旺盛、反应敏捷、有独立意识等；激活潜能的消极因素包括冒险精神缺乏、自我调节能力不强、自控能力薄弱等。

作为企业领导者，在领导过程中，要根据组织特点及员工不同的

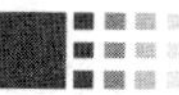

个性采取有效方式施加影响，以促进组织或个人绩效的提升。

8. 心态：摆正心态才能激活潜能

心态通俗来讲就是心理状态，可分为正心态和负心态，正心态包括归属感、责任感、使命感、荣誉感、成就感等；负心态包括恐惧感、纠结感、忧虑感、焦虑感、担忧感等。大多数人之所以没有把潜能充分激活，没有使自己得到更大的发展，是因为心态消极而关闭自己，不敢面对现实而认识自己。可见，心态对潜能激活的重要性。

被誉为“新加坡国父”的李光耀曾经说过：“我生命的意义就在于做到了想做的事情，而且我一直是尽力而为，所以我很满足，没有遗憾。” 李光耀担任新加坡总理的数十年间，对西方的批评置之不理，敢于排挤政敌，牢牢掌握政权，由于他的领导，使一个原本缺乏生机的国家不仅实现了政治独立，而且实现了经济繁荣。事实证明，只有摆正心态往前走，才能激活自己无穷无尽的潜能，让人生充满阳光。

三、诚信的道德品质——潜质及具有领导力潜质的人

一种需要人人必备的优良品格唯有诚信，诚信也是一种潜质，这种道德品质是领导力的核心素质之一。人不可能独善其身，企业也不

能特立独行。企业发展的确是需要组织本身实力的增强，更需要组织内部各关联要素之间的优化，需要组织与组织之间的优化，需要组织与外部之间的优化。无论是组织本身增强也好，还是组织间的内外各种关系优化也好，从本质而言，都需要诚信而且离不开诚信。因此，讲究诚信的道德品质是企业生存之道，更是企业领导者激活并提升领导力的必然要求。

诚信虽然是一种人人必备的优良品格，但是对于领导者个人来说不只需要这一种潜质，具有领导力潜质的人还应该有独特的形式表现。

1.领导者具备的潜质有哪些

什么是潜质？我们知道，领导力是能够激励更多的追随者共同实现目标的能力，这种“能够激励更多的追随者共同实现目标”就是一种潜质。显然，诚信作为一种潜质是领导者必备的，但并非仅此一种。在激励更多的追随者共同实现目标的过程中，领导者单单靠一项诚信潜质是不够的，还需要具备“变革”“创新”“造梦”“授渔”等其他潜质。

领导者是喜欢自由思考的人，他们不受传统观念的束缚，并热心帮助别人挣脱某种束缚。这样的领导者具备颠覆性思维及眼光和格局，有大刀阔斧的变革能力。比尔·盖茨当初发明计算机时，有人说他的发明肯定不能普及，因为根本没人用过。可是仅仅短短几年的发展，就让人们看到了惊人的力量。马云当初创建阿里巴巴时，电子商务还是个陌生的词汇，而现在已成为日常必备的需求。这种眼光、格局和颠覆性的思维是领导者必备的潜质和能力。企业上下所有人与这种自由思考的人在一起，是一件令人兴奋的事，因为他能让其他人摆脱现状、打开心态，看到更多的可能性。

领导者是生活在未来的人，他们能够为他人描绘足具吸引力的愿景，指出“可以做这些事”“可以放弃那些事”。因为领导者能看到普通人看不到的东西，具有长远思维，所以为了让自己带领的人相信自己的判断，于是就描绘生动的蓝图，指引着大家坚定地走下去。而人都是喜欢向前看的，所以当美丽的梦想和美好的蓝图就在眼前时，就会踊跃加入进来，一起做“一件大事”。

领导者有带人的潜质，他是教练或牧师。所以他要带领出一些标杆人物，将自己的技能和经验传授给他们。在这个过程中，领导者是不会抓住权力不放的，而是把权力分发出去，然后指导、训练和鼓励授权者；领导者能协助他人实现梦想，为此他会把一切资源联结起来，最大化地发挥资源的价值，助人梦想成真，并凝聚大家的热情，力促通力合作；领导者以他人为中心，持续致力于尽量为最多的人做最多的事；领导者是高效沟通的艺术家，通过沟通解决员工工作包括生活上的问题，通过沟通产生向心力和凝聚力；领导者是公关高手，如通晓推销知识，了解产品优势，谙熟谈判之道等。总之，领导者在带人过程中将使潜质得到充分激活和展现。

领导者的上述潜质，严格来说都植根于人类最有力、最令人钦佩的特质：热情、好奇心、同情心、勇敢、慷慨、可靠和坚毅。这些特质可以吸引盟友，并扩大成就。这也是21世纪领导力的基本要素。

2.什么样的人具有领导力潜质

做领导的条件不仅要求具备领导力潜质，而且必须能够激活它。对于企业来说，在培养人的时候，如果能够挑选具有高潜质并能够激活潜质的人进行培养，自然是事半功倍的一种做法。那么，什么样的人具有领导力潜质并能够激活它呢？该从哪些方面来考量他们？其实这个并不难，因为这类人通常具有以下三个显著特点。

首先，具有领导力潜质并可激活的人，必须具有一种带头做事情的意愿，要有一种非常强的领导意愿。虽然人们常说“不想当元帅的士兵不是好兵”，但实际上并非所有人都想做领导，因为当领导者要承担更多的责任、压力和风险。而这样的压力，不是所有人都愿意承担的。所以，作为领导者的一个根本要素就是“领导的意愿”。

其次，具备领导者所需要的相关工作经验，同时应该有各种各样的人生经历。因为在企业的发展过程中，不论创业阶段还是成熟阶段，经历丰富的领导者更有可能带领企业迈上更高的阶梯。

最后，具有领导力潜质并可激活的人应该有学习的敏锐度，即能够在迅速变化的环境中，快速地学习并运用新知识。尤其是当他们没有经验、不会做的时候，可以很快地学习，用学习到的东西来应对环境的挑战，并能够获得很好的绩效。这种学习的敏锐度不仅仅是一种能力，更是一种意愿并可以将其作为动力。把意愿作为出发点，进行领导力的激活与培养，是领导者成长的一个内因。

当然，领导力的潜质激活并发挥能量，必须内外因共同作用，这就是领导力的一个成长过程。

四、领导的影响能力——总裁心智模式与思维

从领导力的本质而言，“影响力”已成为共识。美国管理学家哈罗德·孔茨曾说：“领导力是一种影响力，或者叫作对人们施加影响的艺术过程，从而使人们心甘情愿地为实现群体或组织的目标而努力。”实质上，领导影响力是领导者个人具有的品格、文化和心理修养对下级所产生的感召力，更多的来源不是权力所至，而是非权力因素，即领导者个人魅力所产生的影响力。作为企业领导者，要打造基于非权力因素的影响力，就要开启总裁心智模式与思维。

1. 心智模式及其本质

深受思维习惯及已有知识制约的心理定式就是心智模式，又叫心智模型，它是指深深植根于人们心中关于自己、别人、组织及周围世界各个方面的假设、图像和故事上固化的理念系统。

人们通过视觉、听觉、嗅觉、味觉、触觉“五感”接受外界信息，会在大脑中形成一个思维模型来描述或刻画外部世界。由此可以说，人们在大脑中构建起来的认知外部现实世界的“模型”就是心智模式的本质，既可以是对具体事物的抽象表达，也可以是整个事件的过程，并且这个“模型”会影响人们的观察、思考及行动。

认知心理学家瓦瑞拉认为，人类认知不是被动地反映客观事实的简单过程，而是我们主动性体验世界的过程。我们常常根据对外部世界的信息进行诠释，然后做出认为合理的假设、想象，并根据具体的规则或逻辑进行推断，以此做出判断和决定。瓦瑞拉的观点明确指出，心智模式不同的人，即使针对同一事物的观察，往往也会有不同的感受或得出不同的结论。

2. 心智模式四层次

美国哈佛大学教育研究院的心理发展学家霍华德·加德纳的多元智能理论将心智模式分为以下四个层次。

一是“二元对立”层次，就是把世界分为两级，泾渭分明，非此即彼，非好即坏，整个世界只有好人和坏人，而好人最终会战胜坏人。此种模式叫“五岁儿童心智模式”，属于最低层次。这个发现很让人吃惊，我们会发现自己身边很多成年人仍然停留在这个层次，特别是那些刚进入社会的年轻人，感觉他们的年纪大约是10岁。

二是“力求公平”层次，就是承认好人有缺点，坏人也有优点。此种模式叫“十岁儿童的心智模式”。这个模式让许多人感觉自己20岁才有深刻认识。

三是“相对主义”层次，就是认为根本就没有好人和坏人之分，只是看人的角度不同罢了。此种模式叫“十五岁少年的心智模式”，相当于青少年的思想。而现实状况里，在我们生活圈子里许多人还没有达到这个水平。

四是“个人整合”层次，可以说以上三种都不成熟，最成熟的就是这第四层次，是最高层次。其模式叫“成年人的心智模式”，就是认为好和坏要相对而言，个人需要选择一个主张，尽可能整合思考，进而整合各方利益。许多人看到这种模式，才突然认识到自己还不是成年人，感觉自己身边的很多人也都不是成年人！

霍华德·加德纳明确指出，有许多人尽管上过学，也已成为少年，但是他们的心智模式一直停留在5岁或者10岁。即使在成人世界中，二元对立也是最流行的心智模式！

依据霍华德·加德纳的这些发现，我们审视自己，再环视四周，可能会醍醐灌顶，倒吸一口冷气！我们何尝不是停留在5岁和10岁的心智模式上！

心智模式系统循环不断，有的正向循环，有的负向循环。如果一个人长期处于负向循环状态，就会产生归罪于外、墨守成规、主观偏见、自以为是、局限思维、心态不正等消极心态，也称为心智模式的“六大顽石”。击碎这些心态顽石，必须从整合思考开始！

3.总裁心智模式与思维

古希腊伟大的哲学家柏拉图说，我们的人生在于我们的思想与思维。美国麻省理工史隆管理学院教授、著名的学习型组织理论创立者彼得·圣吉在著作《第五项修炼：学习型组织的艺术与实务》一书中说：并不是人们意志力不够坚强，努力不够，而是人们对“周遭世界运作的看法和行为相抵触”，导致主观的动机与具体的认识及行为产生了错位，其中根本的原因在于人的心智模式在作怪。彼得·圣吉认为，在人的一生中，所有的重大突破，都来自打破旧的心智模式与思维方式。

领导者心智模式与思维方式的改变与完善，是有方法的。

一是自我觉察，这是一切改变的前提。就是要用新的眼光看世界，只有当我们揭示隐藏在我们心中的假设、规则和偏见时，我们才能更积极地改善心智模式。为此，我们需要换脑筋、改观念。原惠普科技董事长兼首席执行官路普拉特说过，“创新”——唯有不断“创

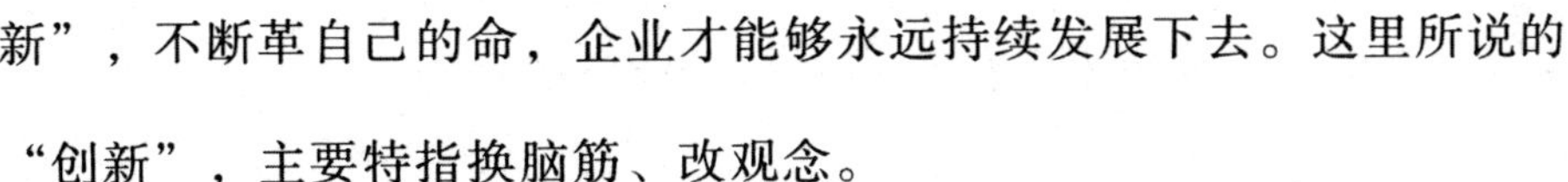

新”，不断革自己的命，企业才能够永远持续发展下去。这里所说的“创新”，主要特指换脑筋、改观念。

二是自觉学习，这可以使人获得更合时宜的心智模式。改变必须获取新的信息，获取新的信息才能开阔人的视野，而获取新的信息手段只有学习，这样才能拓宽我们觉察的框架，从而了解新的思考逻辑，更新自己的思考路线；借鉴新的思维观念，掌握新的思维规则；修正自己的行为价值导向，形成自己新的行为习惯。总之，学习将会使人的行动更加有效。

三是自行选择，要注重选择适合自己企业的外部环境，以寻求客观条件的良好影响。“孟母三迁”的例子说明了外部环境对心智模式的重大影响意义。行业，成行方有业，相互间的影响会带来相互间的借鉴与促进，最终形成行业经营的心智模式。外部环境是企业决策的第一位因素，一个企业的决策首先就是要致力于谋求企业外部环境与内部条件、经营目标之间的动态平衡。

四是自发反复练习，要由刻意的改变与完善到达自然的固化。心智模式是在潜意识里发挥作用的一种心理存在。它必须经过反反复复的练习，才能使某些价值观、规则、逻辑成为牢固的信念并且进入潜意识层面，让心智模式得以稳定和持久地发挥作用。

改变与完善心智模式并非一朝一夕的事情，需要我们不断实践，进行反馈、调节及改进。如果一个领导者能够驾驭并且改变与完善自己的心智模式，才能实现真正的突破，成就自我。

五、逻辑的分析方法——如何判断一个人是否具备领导潜力

运用逻辑的分析方法准确判断一个人，从而为企业选拔合格的人才，是总裁领导力的一个重要体现。企业发展到一定阶段的时候，就需要培养优秀管理者，以促进企业更好地发展。但是面对众多的企业员工，如何才能选择出最具有领导潜力的人呢？根据对以往大量案例的研究，再结合理论上的相关论述，以下几个方面可以着眼判断一个人是否具备领导潜力。

1.分析归纳表象，抓住工作重点

现代企业领导者必须具备的一项能力是，面对纷繁复杂的各种表面现象，能够快速地归纳总结其本质特征，而且结构清晰，同时能够抓住事物的根本和问题的关键，由此确定企业在一个时段的工作重心。那些不善于抓重点的人，常常左右摇摆，拿不定主意，力气使不到点上，即使很努力、很辛苦，团队成员也跟着他不停地忙碌，但基本上是做无用功，因为没有结果和成绩。正所谓“将帅无能，累死三军”，原因就是他们在工作过程中，往往没有主见，没有工作思路。

长此以往，团队成员必将军心涣散，也将失去对领导者的信心。

判断一个人是否具有抓重点的能力，首先要看他有没有结构化思维，就是会不会对较为繁杂的事物进行归纳和分类；其次要看他的分类标准和原则是否有道理，与解决问题的方向是不是相符合。前者比较容易判断，但是人们往往容易忽略；后者不容易判断，何为道理？这需要具有一定的行业或管理经验才能判断其分类标准和原则是否有道理或可行。例如，一位应试者进行自我介绍时只是报流水账式地介绍自己的工作经历，显然其抓重点的能力很差，基本可以一票否决让其做领导者。

进行结构化思维的能力训练，是成为一个优秀的领导者的必由之路。优秀的领导者，要能够从多个侧面进行思考，要能够深刻分析导致问题出现的原因，要能够系统地制定行动方案，并采取恰当的手段使工作得以高效率开展，取得高绩效。简言之，结构化思维的能力就是归纳、提炼、概括和总结的能力。大多数普通人都有前后的基本逻辑思维，关注前后的连续性和流畅性。而领导者需要具有较强的结构化思维能力，这是系统的逻辑思维，关注全面发展的业绩结果。

2. 坚持目标导向，直至达成目标

目标导向就是结果导向，思考问题强调站在结果的角度上，同时要求养成一种结果导向的思维习惯。具备此种思维的领导者对于目标

和结果高度关注并高度聚焦，为了企业发展目标的达成而把团队或组织的核心资源、策略都整合起来发挥作用，所有行动的高度贡献都必须为目标达成而负责。这种目标导向，是所有优秀领导者最典型而突出的思维模式特征。这种领导者给人们的外感印象就是两点：一是目标清晰；二是执行力很强。

企业选拔的技术型管理者向领导者转型的时候，目标导向思维模式的建立成为最大的困惑。因为技术型管理者长期从事技术工作，训练了技术型思维模式，这种模式与领导者的思维模式有着根本的不同。技术人员的技术型思维是直线式思维，由始到终，即从已知条件推导出结果，有了这个因之后才能实现这个果，至于具体该怎么做，那就必须提出可以具体操作的技术性方案。也就是说，一旦缺少已知条件项，他们推出结果就没有任何方法，他们就会很纠结而焦虑。把这种思维模式带到领导工作中，他们就会对上级提出很多要求，也奢求很多条件，这是他们最典型的表现。其原因在于他们的思维模式中认为只有当条件足够时才能达成相应的结果，而一旦结果没有达成，他们就会给出条件不具备的理由，如上级给的条件不充分或者环境改变、对手太快，总之责任不在他本人。与之相比，领导者的结构化思维模式，注重系统性思维，同时更注重目标导向，从结果目标开始考虑，凡是需要的必备条件，都能主动想办法去创造条件或获取替代，从而促使问题得以解决。与结构化思维模式相比，技术型思维往往是被动地等待，有

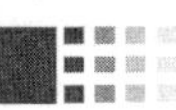

条件就干，没条件就不干。

领导的目的是为了达成团队或组织的目标，不能达成预期目标的领导者一定不是好的领导者，优秀领导者一定是目标感很强的人。有时候，在去向一个目标的进程中往往忘了或偏离了自己初始的目标，或者去关注一些新鲜的、好奇的事物，或者碰到了困难、挫折，受了苦或委曲，更多地是顾及细节上的方式方法的对错，而忽略或忘掉了要去的地方，因此我们说目标导向特别重要。优秀领导者一旦确立了目标，就会坚定不移、不受任何干扰地向着目标奋进，他们在设定目标的时候都很慎重，不达目标不为止。

3. 把握事物规律，准确预测结果

快速变化，是当今时代的特征。每时每刻，领导者都要面对瞬息万变的环境，快速地做出判断和决策，也就是通常说的要具有快速反应、灵活应变的能力，这是时代对领导者的基本要求。事实上，快速灵活应变只是领导者工作的一种外在表现，其背后的能力实际上是领导者要能够善于并快速发现事物的运行规律，同时要能够对事情的发展结果进行准确预测。影响领导目标达成的最大问题是，领导者不能把握事物的运行规律并预测结果，所以容易做出错误的判断，错误的判断必将导致错误的结果。

现实中，团队运转节奏快、效率高与否，其背后的原因大多是团

队的领导者们在把握事物的运行规律并预测结果的能力上有根本差异。此项能力弱的领导者决策效率低，工作烦琐不得要领，由此带来的是整个团队的工作节奏下降，以及工作效率降低。

快速反应有人将其称为直觉，认为它是天生的能力，即不需要思考就能判断。从表面上看，快速反应能力强的人在紧急情况下似乎没经过思考就做出了决定。其实，没有丰富的储备，哪能快速地决策呢！当我们对快速反应者的决策过程进行深入分析时就会发现，他们的大脑中实际上存储了有关事物运行的基本原理、原则等丰富的相关信息，一事当前之时，他们就从库存中迅速提取，以至于使我们感觉不到他们的思考过程。

如果想要练就这种快速判断与决策的能力，就要靠知识和经验的有效积累。由此必须加强学习与实践，而不要简单地死记硬背一些知识。只有以自己便于记忆和提取的方式进行萃取，并加强实践的认证与历练，才能水到渠成地练就快速判断与决策的能力。

4.全面看待事物，整体把握事物

在企业中，有的人工作不久就走上了基层主管的岗位，于是，激活了他的雄心壮志，他非常努力，表现很好，有很强的执行力，完成任务也不错。但当他进一步晋升，到了中层岗位后，尽管做得很努力很辛苦，甚至比以前更加努力和辛苦，业绩反而逐渐下滑，一路往下走了。在这种情况下，要么他苦苦支撑，要么他被无情下课。如果仔细分析就不难发现，他们有一定共同的问题，就是缺乏大局观和整体观，即不能全面看待事物，更不能整体把握事物。

全面、系统、前瞻地审视问题和思考问题的能力，以及掌握整体事物发展趋势和规律的能力，就是所谓的“大局观”和“整体观”。拥有大局观和整体观的人，一般都会站在比较高的位置上看待事物，他们视野开阔，能够看到事物的全部，在思考问题时遗漏就很少，决策的错误也会减少。而那些缺乏大局观和整体观的人，往往只会抓住眼前或局部，但往往顾此失彼，对于公司的战略意图要么理解不透，要么简单落实或打折扣地落实。

拥有大局观和整体观的人具有很强的历史观，他们分析事物的发展和演变规律经常从历史的角度出发；而具有历史观的人看问题具有独特性，具有穿透力，具有前瞻性，能够看到常人看不到的未来。制约一个人形成大局观和整体观的重要因素是以自我为中心、私心狭隘的“小我”意识。要培养大局观和整体观，就要把个人的利益放到一边，把“小我”放下，这样视野才会变得开阔，也才能形成领导者决策所需的大局观和整体观并得以提高。

5.突破常规思考，善于另辟蹊径

遵循常规地思考问题和解决问题是多数人的办法，这种常规办法所能想到的方案只能解决一般性问题。当然，之所以能够成为“常规”的某种思路或办法，说明某种思路或办法对解决问题是有一定效果的，至少在此之前是有效果的，否则它不会被称为“常规”。但是，当新问题出现或问题中新元素越来越多的时候，常规的办法就会失效，而且效果一定会越来越差，因为它无法应对新情况，这个时候，只有突破常规，另辟蹊径，才能有效地解决新问题。

所谓“突破常规”，是指在面对复杂棘手的问题时，领导者常常以不寻常的思维模式提出一些让人意想不到的观点、策略和措施，而且这些新的思路和办法是有效的，并且能够切实解决新问题。优秀领导者之所以能够成功，是因为他们总能够突破常规思维模式。

突破常规其实就是创新，判断这种创新有两个基本点：一是有效性。并不是所有新的想法都可以算作突破常规，新方法还要比其他已知的方法都有效。突破常规并非别出心裁，并不是为创新而求异。面对事实、解决问题是领导的根本任务，更是万万不能忘记的。因此，达成目标，才是有效性的第一原则。二是新颖性，其基本点是别人没有做过的，或者说在已知的圈子里没有人这么想过或没有这么做过。突破常规的真正高水平呈现，是令人赞叹和称奇的，具有四两拨千斤之力，往往构思精巧，能抓住关键环节。

说到底，不走寻常路就是突破常规。从性质上看属于创新，而创新思维具有发散思维、逆向思维的特质。要突破常规，就需要有开放的心态，一个封闭的人一定是按“常规”出牌的，其行为表现就是循规蹈矩。那些爱思考、善于总结、不盲从的人，其突破常规的创新能力一般都比较强，而封闭的人是不具备这些能力的。

当然，任何事都有底线，突破常规不是要突破法律和道德伦理的底线。底线不能碰，有人搞所谓踩红线、打擦边球的做法是不可取的，那不是突破常规的思维模式，而是侥幸心理。

6. 建立沟通平台，畅通各方信息

对于处在现代开放社会的成员来说，沟通能力十分重要。每个人都需要并且正在不断提升自己的沟通能力，领导者当然也不例外，反而会对自己要求更高。人际沟通能力就是指人们通常所说的“沟通能力”，为了提高领导者的人际沟通能力，市面上绝大多数的沟通培训课程实际上都是这样设计开发的。

企业领导者的最大价值就是能够做出正确的决策，指明企业前行和胜利的方向。领导者所具有的思维优势、判断决策优势若要有实际意义，就必须对领导者的意图、思想、决定进行准确理解和彻底执行。所以，对于领导者来说，仅有人际沟通能力是不够的，因为人际沟通的效率和范围是有限的，在组织规模扩大后，他必须建立一个沟通平台，以便各方进行及时、有效的沟通。

事实上，对沟通的要求越高，领导层级必然越高，组织规模必然越大。在组织扁平化、团队小型化成为流行趋势的当今时代，各行各业、不同的个人对沟通的要求必然越来越高。这个时候，沟通的要求已经不能仅限于你的团队内部了，外部沟通也会越来越多。更需要注意的是，仅有人际沟通能力显然是不够的，特别是当你的决策涉及很多部门、很多地区、很多领导层级、很多人员时。所以，沟通平台的建立就显得十分必要。所谓沟通平台，简单说就是建立行之有效的沟通机制，以畅通企业内外各方信息。

沟通平台创设时，首先必须明白你的决定需要与哪些对象进行沟通，沟通的对象群体有哪些特点，可以打通他们的方式有哪些。比如，企业内部的年会、周会、晨会、联席会议等，这些都是比较好的领导沟通平台。当然，沟通平台绝不仅限于此，领导者还要熟悉各种沟通工具，包括现代移动互联通信工具，如微信、微博、QQ等，以便于内外沟通。

最后需要强调的是，企业选拔合格的人才、搭建领导班子的时候，最好完成以上各项能力的组合。因为现实中，上述六个方面的能力都很强的人很少，多数人可能是在某一方面或某几个方面具有较强的优势。

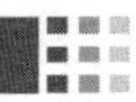

六、独到的行动习惯——激活潜能，做一个“极具魅力”的领导者

魅力是经过后天培养而获得的，绝不是一个人先天拥有的某种东西。培养的“抓手”就是习惯，培养的根本性途径和方式则是激活潜能。下面这些技能都属于激活潜能的范畴，领导者必须掌握，因为这些技能可以创造一种人们愿意提高并且做重要和具有影响力之事的行动，将自己锻造成一个“极具魅力”的领导者。

1.“极具魅力”的领导者及其特质

有研究者认为，领导者的魅力表现为具有自信并且信任下属，对下属有理想化的愿望，有高度期望，以及使用个性化风格的特点。更有研究者将其定义为一种与众不同的独特品质，是超自然、超人类，至少是超乎常人的品质。许多心理学家都根据这些定义寻找魅力领导者的个人特点，诸如真诚、自信、开明、灵活、口才出众，以及拥有良好的形象，特别是对大家担心的事情具有“准确的同理心”等。

综合上述内容，可以将领导者魅力的最主要特质归纳总结为以下几个方面。

一是高度自信。优秀领导者的成功都来自很强的自信心，有时让人感觉咄咄逼人。这种自信心包括对事业发展的信心，对自己解决问题的能力的信心，对自己信仰在道德上的正义性的高度自信等。能够对下属产生激励作用的一定是自信的领导者。

二是潜在“野心”。优秀领导者要创造可以留传后世的基业，他们可以称为是“帝国”的建造者。这不是自大的个人野心，而是对卓越的狂热及永无止境的追求，是优秀领导者不可或缺的条件。

三是适应能力。优秀领导者具有对现实的洞察力，能够察觉市场、民意、政治风向的变化。他们适应各种形势与环境的能力超强，能够实事求是地评估组织内外的各种环境资源和条件限制，并基于这种现实评估来制定适应发展的变革策略和非常规行动。就是在事情不顺利的时候，仍然能够保持领导的生存活力与弹性。

四是充沛精力。优秀领导者总是充满热情，充满活力，充满旺盛斗志，他们能够用各种方式充分和生动地表达自己的正向情感和激情。他们常常不需要外人的鼓励，而能够自我激励，自我向上。

五是善于表达。优秀领导者擅长运用各种言辞和非言辞的表达技巧来表达自己的思想和情感。他们与下属交流时思想内容丰富，旁征博引，能够对追随者产生强烈的感染力，表现出卓越的沟通能力。凭借这种能力，他们能够使追随者理解其愿景，激活追随者的兴致与激情。

六是懂得做人。优秀领导者深知品德高尚是成功之本，这一点对

领导者非常重要。事实上，他们对人诚实、正直、公正、宽容和富有亲和力，都能真诚地欣赏他人的优点，对他人的生活、工作表示深切的关心，奉行在人际交往中的“己所不欲，勿施于人”的原则。他们知道做人不能以自我为核心，要“克己”，即抑制自己的欲望，要能够设身处地地为别人着想。

2.克服魅力障碍，提升人格魅力

人格对每个人都很重要，但提升魅力需要克服身体和心理障碍。首先，身体上的任何不适都会影响你的魅力。例如，患有低血糖症的人会降低注意力，他们的脾气会更加暴力，从而更容易做出错误的决定，在这种情况下很难有吸引力。其次，心理上的不适不仅会影响你对自己的看法，还会影响别人对你的看法。心理不适可能来自于焦虑、不满足、自我怀疑等，这些消极的心理会阻碍你发掘个人魅力潜能。

现代心理学奠基者、美国哲学及心理学家威廉·詹姆斯曾在大约一百年前提出，人仅仅发挥大脑的很小一部分能力，大部分能力被隐藏起来。他认为，普通人有90%的潜能未被激活发挥出来，仅使用了人的大脑心智能力的10%。他所指的人类大脑潜能不仅包括生理功能，还包括心理和心理智能。尤其是人的心理精神能力，似乎超出科学所能触及的范畴。威廉·詹姆斯的观点现在也有大量支持者。而现代脑科学研究之所以让我们痴迷，就是因为大脑蕴藏着巨大的尚待开发的潜能，极具发展潜力，就连爱因斯坦的大脑也只开发了13%。如果人脑的潜能全都被开发出来，不知道人类还会创造出什么奇迹来。

人脑的潜能是非常巨大的，因此我们有理由相信，通过激活潜能，是可以克服生理、心理障碍来提升魅力的。

一是充分利用视觉、听觉、嗅觉、味觉、触觉等五感。斯坦福大学行为科学高级研究中心主任斯蒂芬·科斯林教授说，有证据表明，开始某一项运动前，把这个运动视觉化，也就是想一下这个运动是什么样的，能很好地激活大脑，尤其能激活在运动中会用到的那部分脑区。据此，领导者可以用视觉化的想象来提升自己的魅力。比如，可以想象某个场景，调动自己的视觉、听觉，甚至可以加上动作。正确的视觉化想象能有效帮你提升自信，可以产生任何你想要的情感，然后通过肢体语言表达出来。

二是用身体影响情绪。比如，用浑厚、坚定的语气说话，做出有力的手势，就会自我感觉更自信、更有力量。肢体语言带来的自信还会反过来影响你的肢体语言，通过这种相互作用，你就会给别人留下更自信的印象。

三是亲和力。亲和力是魅力的关键元素之一，它可以让其他人喜欢你、相信你，并且想要帮助你。通过激活亲和力来提升魅力，要懂得感恩和欣赏，学会热爱生活中的每件事；要有同情心，尝试“温暖”别人，也要自我同情，即给自己温暖。尤其是当遇到困难的时

候，自我同情可以减少焦虑、抑郁和自我责难，还能改善人际关系，增强社会关系，提升对生活的满足感。

3.培养自己领导魅力的几种领导方式

培养自己的领导魅力，根据一些已有的研究成果，可以采取以下几种领导方式。

一是展示愿景。用清楚、直接的语言向追随者描述未来的美好景象，画出一幅让人们更憧憬的美好生活的图画，并配以相关的情感元素，让追随者能在脑海中真切地想象得到，他们就会渴望将愿景变成现实。这种方式很容易吸引那些有欲望准备前行的人。

二是身体力行。榜样的力量可以使个人和组织克服困难并在逆境中达到新的境界。奉献对于榜样很重要，有谁会追随那些不愿意做出奉献的领导人呢？奉献体现在各个方面，包括长期投入和个人牺牲。当然，感同身受地与员工建立联系也不能忽视。优秀的领导者会积极探索员工关心什么、需要什么、有什么需要解决的问题等，理解处于不同状态的人，以便在决策时尽量满足不同人的需求。优秀领导者会一直关注他们的追随者，愿意花时间倾听他们的心里话，并在情感上与各色人等产生感情上的共鸣。

三是激活他人的潜能。这一点上，是领导力的重要体现。优秀领导者要让追随者掌握必要的技能，鼓励他们追寻理想并成就自我。同时要激活追随者的潜能，理解不同人的不同特点，并投入相应的资源进行奖励，帮助他们成才或消除障碍。

四是赢得尊重。优秀领导者从不以权威赢得尊重，而是把每一天看成一个表达恩典的机会，以一种谦卑和包容的方式赢得人们的尊重。因此，人们喜欢听他的，会信任他，也愿意跟随他。

第三章

激活的“认知源泉”：知己知彼，组织亦晓

领导力源于认知，认知自我，认知他人，认知组织。如果领导者认知自我不足或片面，就很难充分施展自己的才华；如果领导者认知他人不清或片面，就会丢失粉丝式的追随者；如果领导者认知组织不准确或片面，必将无用武之地。领导者需要通过一些正式或非正式的途径获得他人反馈，可以了解到自身的盲区和问题，从而产生紧迫感，进而通过学习来发展自身，不断地认知自我、认知他人、认知组织，从而实现领导力的提升。

一、三个“认知”清单与内涵

从词语解释来看，认知是认识和知道的意思，什么是“认识”和“知道”？《现代汉语词典》中对这两个词是这样解释的：“认识”作动词，指的是“能够确定某一人或事物是这个人或事物而不是别的”和“通过实践了解、常握客观事物”；作名词，“指人的头脑对客观世界的反映”。“知道”只有动词这一个词性，指的是“对于事实或道理有认识”。

将“认识”和“知道”合二为一的“认知”，具有哲学和心理学的内涵。作为一个科学术语，认知是指人的大脑对信息加工的过程，是指人们获得知识或应用知识的过程，这是人的最基本的心理过程。人的认识过程的一种产物就是认知，这一过程是主观反映出客观，使客观表现在主观感知的过程。

对于领导者而言，认知有三大领域：认知自我、认知他人、认知组织。这是“认知”的三个清单。尤其要注意的是，这三大领域的认知都以“认知”为核心和基础，因而具有丰富的内涵。

1.认知自我：自知己之短长，才能改善自我

认知自我或称自我认知，它是指个人清楚地理解自己的人生目

标，生活上的情绪，自己个性或能力上的优点、弱点、需求、局限，以及驱动自己的力量的来源。

领导力提升的关键，首当其冲是自我认知！作为领导者，通过自我认知，可以知道自己的所长，可以更好地发挥自己的优势；同时知道自己的所短，以及可能对团队带来的影响，也就可以找到自己的改善点，从而不断进行改进。自我认知是要认识自己的情绪，更要认识自己的情绪对他人的影响，由此能够更有效地激励自己和别人。

古希腊著名的思想家、哲学家、教育家苏格拉底有一句教育学生的话被镌刻在古希腊德尔菲神庙的门楣上——“人啊！认识你自己。”苏格拉底是在人类之中第一次真正确立了人的主体性，他不断审视自己，强调在现实的世界中认识自己的灵魂，过有道德的生活。与苏格拉底处于同时代的孔子的弟子曾参也有“吾日三省吾身”的警句，引导世人每日自觉地检查自己。但是在现实中，许多领导者都面临自我认知不足的问题。比如，领导从自己感觉上认为某员工积极向上，执行力强，就任命该员工担任部门主管，但不久就发现部门工作被搞得没有章法，下属无方向，而该员工自己却忙得不亦乐乎。这就是自我认知不足造成的，自己的感觉是否有缺陷或倾向性，自己丝毫不知就盲目决断，风险极大。

为什么自我认知不足？是因为有些因素把自我遮盖掉了。首先是因为习惯，缺乏自我认知很大一部分是因为我们的习惯性思维，我们自我认知的能力经常会丢失在惯性思维中。习惯性认知一旦被带进生活里面，就会成为我们一个严重的盲点。其次是因为欲望，在一种强烈的自我成就欲望中，自我认知的意识也可能成为障碍。最后是因为骄傲，骄傲带给我们的盲点有许多表现，诸如常常喜欢谈论自己是如何白手起家的、喜欢炫耀自己如何领导这个企业的、总觉得自己干得最多最辛苦、在作决定时单纯依靠过去的经验或一拍脑门盲目决定、自认为在行业里是专家、总觉得员工不够聪明、开会时不愿意聆听等，其实这一切都表示我们正处于骄傲当中！

一个领导者要提升领导力，首先必须提升自我认知的领导力。因此，先要清楚地看到那些常常把我们的自我遮盖掉的盲点，诸如强烈的控制欲望、公司组织结构不合理、内心的骄傲、没有感恩的心、满足现状、粗心大意、自我意识的膨胀、不良习惯、教育缺失、停止学习等。然后，接下来的“认知”过程包括：认知领导力的本质（参见本书第一章）；认知、内省和反思自己的领导性格的优势与弱势，包括在决策、动机与目标、计划性、行动力、人际敏感性、激励、适应人群的局限、规则与人性、沟通风格等方面的优势与弱势，以及优势与弱势对团队氛围、绩效的影响，可能产生的问题等；建立正确的领导哲学，即树立领导理念与价值观（参见本书第一章），并用领导哲学引导自己的领导行为；制订个人领导力改善与提升行动计划等。

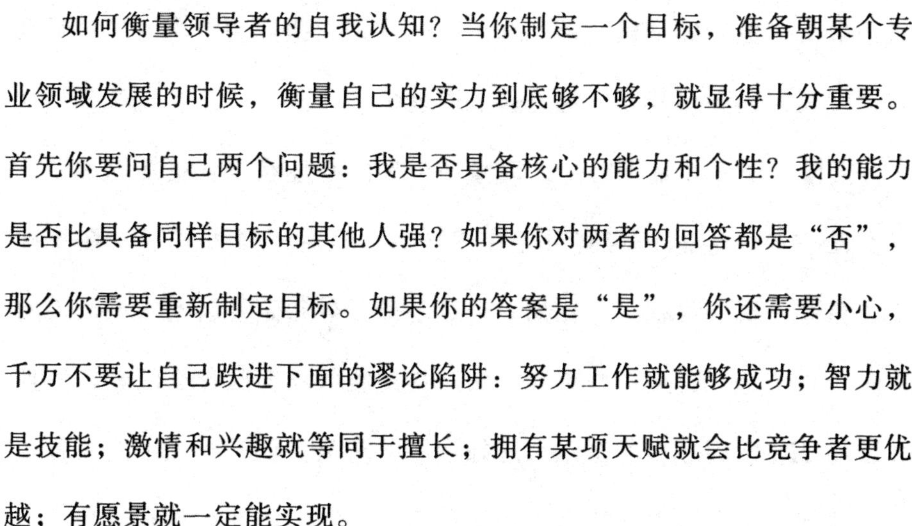

如何衡量领导者的自我认知？当你制定一个目标，准备朝某个专业领域发展的时候，衡量自己的实力到底够不够，就显得十分重要。首先你要问自己两个问题：我是否具备核心的能力和个性？我的能力是否比具备同样目标的其他人强？如果你对两者的回答都是“否”，那么你需要重新制定目标。如果你的答案是“是”，你还需要小心，千万不要让自己跌进下面的谬论陷阱：努力工作就能够成功；智力就是技能；激情和兴趣就等同于擅长；拥有某项天赋就会比竞争者更优越；有愿景就一定能实现。

自我认知涉及领导者的“内在”东西，包括理念、价值观和领导个性等。领导者的级别越高，这些“内在”的东西也就越多，因而自我认知和自我提升的紧迫性和必要性越大。王石曾经在万科20周年大会上说：我是农民的儿子，身上有很多小农的意识，如果我不能改变自己，可能会限制万科的发展。有了这样的认知，王石定位自己在万科的角色，逐渐淡出了万科的管理层，让郁亮放手去做。王石如果不退出管理领导层是不是真的会限制万科的发展，谁都无法假设，但王石能够认知自我的弱点和局限，这是作为一个企业家难能可贵的品质。

2. 认知他人：先要读懂他人，才能激励他人

认知他人，就是对他人的认知，即通过对他人外部特征的知觉，

进而取得对他们的动机、情感和意图的认知。我们通常所说的“听其言，观其行，而知其人”就是这个道理。

读懂一个人非常不容易，读懂一个人的心理状态就更加困难了。尤其是中国人，总是猜测对方在想什么，这种思维方式反映在管理上，就会出现一种状况：比如一个员工被领导叫到办公室，该员工的第一个想法是“肯定没好事”，然后会猜测领导会问什么问题，并且在猜测领导想听什么的基础上想好回答的对策。认知他人不能只看一点，要依据很多因素才能做出较为准确的判断，因此在认知过程中，要学会全面系统地观察认知，要从感情、情绪、能力、倾向及个性特征等方面着手。

感情认知，大多是通过他人表情实现的，这需要在日常生活中积累经验。比如，一个人笑代表他开心，垂头丧气代表他遇到了不顺心的事情。但是中国人的表情有时候并不能准确代表心中的真实感情，比如笑可以分为微笑、大笑、笑里藏刀、皮笑肉不笑等多种，这就需要在生活中积累经验。

情绪认知，包括对心境、激情和应激三种心理行为的认知。心境和激情比较容易理解，应激则是指人们遇到外界刺激时生理系统的反应，这种反应有时也体现在情绪中。人类的情绪有很多种表现方式，管理者要通过反应看到员工背后的真正情绪。当然，洞悉他人的情绪，需要结合具体的情景进行分析，这样得出的结果更准确。

能力认知，在这方面每个人是有区别的，领导者对他人的能力状态需要一一判定，进行基本判断。当然，除了观察，还要借助一些测试工具。

倾向认知，主要是指对他人的价值取向的认知，这与一个人的需要、动机、兴趣、理想和信念紧密相关。行为倾向可能是高尚的，也可能是大众化的，可能是理想的，也可能是现实的，领导者要把握员工是正能量还是负能量，这样才能真正洞察和把握员工的心态。

个性特征认知，这是指对每个人表现出来的性格特征的认知。性格没有好坏之分，但是每一种性格都有正负两个方面，既有长处也有短处，领导者需要做的是帮助员工发挥性格的长处，避免性格的短处，这样才能有效疏导员工。

我们越多知道认知他人的途径和方法，就越能更好地了解他人。为此，我们不妨从中国古人留下的“察人”方法中获得一些有益的启示。例如，《吕氏春秋》中提出的“八观”“六验”“六戚”“四隐”是一套鉴定心理的方法。“八观”即通达之时看其所行的宾礼、任要职之时看其推荐的是什么人、富裕之时看其所养的门人宾客、听他所言之后要看他如何去做、无事之时看其追求和崇尚什么、作为领导身边的工作人员要看他是出好主意还是坏主意、穷困之时看其不受非分之财、贫贱之时看其不为非义之事。“六验”即使之喜悦看其是否不变操守、使之高兴看其是否邪僻不正、使之发怒看其是否能自我约束、使之恐惧看其是否不失持守、使之悲哀看其能否节哀自制、使其处于艰苦环境看其是否有大志。“六戚”指“父、母、兄、弟、妻、子”，考察六戚，就是看能否处理好家庭成员之间的关系。如果家庭没有伦理道德，不讲和睦，就难以处理好社会关系。“四隐”指“交友、故旧、邑里、门郭”，通过社会交往、居住环境，考察“人以群分”，可以分析交往趣味情操。此外还有曾国藩的《冰鉴》（虽然极有可能是本伪书）、司马光的《资治通鉴》、庄子的《庄子》、姜尚的《六韬选将》等传统文化遗产，其中都有一些值得学习借鉴的地方。

同理心，是认知他人的关键所在。换位思考、神入、移情、共情等，是同理心的各种说法。实质上，就是要站在对方立场思考的一种方式，要注重进入并了解他人的内心世界，进而能够把这种了解传达给他人，是一种技术，也是一种能力。具有这种技术和能力且能彰显出来的人，可谓有“同理心”。另外，还应该注意的是，认知他人时的一个基本的出发点，应注重看到他人积极的一面。

有没有领导力主要体现在“激励追随者”上，因此认知他人的目的是激励他人。先要看明白他人，才能激励他人。通过不断激励他人，让他人始终保持激情，满怀信心和希望投入每一天的工作中。认知他人才能领导他人，领导他人的过程也就是激励他人的过程。

领导者激励他人的核心在于帮助下属建立起信心、期望和爱心。下属自我价值的实现会给下属带来信心，领导者要让每一位下属看到

他们的自我价值。有一家企业的总经理，每次奖励员工的时候，都亲自颁发奖品给员工。当员工表示感谢时，这位老总总是说：“不用感谢我，我应该感谢你，你为组织做出了贡献，这是你本该得到的。”这样一句简单的话就能够让下属看到自己的价值，起到非常有效的激励作用。企业的愿景会给员工带来期望。领导者激励下属要掌握“连接”的原则，即让每一个下属与企业的愿景、使命连接在一起。共享愿景会给下属带来期望。要让下属知道，成就他们的梦想是企业最重要的使命。有些企业实行“员工职业发展”计划，团队领导每年都会有特定的时间与下属充分交流个人的发展，其中，领导者要掌握的最重要的事情，就是要确保下属的发展目标与企业使命、愿景保持一致。爱会带来信心和期望，充满爱心的领导者能够体恤下属的酸甜苦辣，就是对下属最大的激励，领导者也会得到下属的无比忠诚。

3. 认知组织：将组织视为认知主体，吸收、内化与更新知识

所谓组织，不同角度，不同定义。广义而言的组织，是指按照一定方式由诸多要素相互联系起来的系统；狭义而言的组织，是指为实现一定目标，人们互相协作结合而组成在一起的集体或团体。管理学中的组织，特指具有明确的目标导向和精心设计的结构与有意识协调的活动系统，并且同外部环境密切保持联系。静态组织，其结构反映

了人、职位、任务及它们之间的特定关系；动态组织，在完成组织目标过程中的管理反映了维持与变革的组织结构。

一个人的智慧是有限的，“三个臭皮匠顶个诸葛亮”，由此可见，组织是具有智慧的生命体。在这个生命体中，已被绝大多数人认可的是，它可以感知环境的变化并能够根据变化决定自己应该采取的行动。在当下内外环境不断变化的形势下，组织要生存发展，必须使自己变得更“智慧”，这并非取决于行为和方法，而是取决于认知能力。从根本上而言，组织的管理就是认知的管理。领导者若要对组织实施有效的管理，只有提高组织认知能力，才能在认知组织过程中达成期望。

认知能力是人脑对信息的加工、储存和提取的能力，它最早来源于心理学。该心理学认为，人们完成任务极为重要的是，必须通过认知能力，掌握事物的结构、性能和发展规律。从整体的角度去看待组织认知，实质上是将组织视为一个认知主体。

再说一下“组织认知”的概念，这就是一个认知过程，即组织要有针对性地获取问题与环境的信息，并能够恰当地对信息和知识进行处理，以达到系统全面的认知过程。在此认知基础上，进而决定新一轮的信息获取和知识处理。其中包括三个主要过程：一是信息获取过程，即作为认知主体的组织对有效的外部信息与各种数据的获取过程；二是知识转化过程，即组织内部有效的知识建构过程，进而转化为组织新知识的初始化过程；三是组织提升过程，即组织存量知识随着外界环境变化进行自组织式的新陈代谢过程。如此，则组织认知能力就应该是组织认知相应的节点能力，包含三个方面，即吸收外部信息和知识的信息获取能力；外界知识内化为组织新知识的知识转化能力；组织内部知识更新的组织提升能力。这三个方面的能力来源于认知对自身已经积累的知识的把握程度，来源于知识主体自身的知识结构；同时得以新的认知，即只有当知识结构能够捕捉到快速闪过的知识并加以利用时，才会产生革新性的思想或思路。

信息、知识、认知是三个概念紧密依存，它们之间的关系可以表达为：信息是基本资源。因为，人们知道把信息提炼成知识，并把知识激活成为认知，是信息学的核心和灵魂。知识是对信息进行加工所得到的抽象化观念结果，信息是对知识的佐证与支撑，而认知则又回到现实以指导自身随之动态变化。

从上述有关组织认知的概念来看，组织知识与组织认知能力密不可分。组织认知能力的提升是组织知识结构的改变，而组织认知能力状态的变化又将指导并引领组织对知识的吸收、内化和更新。由此来说，组织知识或叫组织知识积累，就是组织这个认知主体对组织和组织外部环境认知结果的归纳总结，流动和转化的知识也就是认知主体的认知结果而产生的反映结论。

组织知识来源于三个方面：组织外部信息吸收、外部知识内化、内部存量知识更新。这三个阶段就是组织认知过程，是决定性因素。这里所说的“更新”，就是主动放弃已过时的知识或因同行关注而被动溢出的知识，专业术语所说的是放弃已经具有无形磨损特征的知识。因此，所谓组织知识的积累、创造及更新，指的就是与组织认知能力相关的知识增长。以上吸收、内化、更新等三个方面有其良好的功能作用，一是能够使知识总量及质量都得到提高和增加，二是最终能够带动组织知识价值的增加。我们常说的组织认知过程，其实质就是这种组织知识价值增长的过程。

值得注意的是，信息价值的大小与信息量的大小没有太大关系，而价值大小的决定因素是信息量的大小和其与组织目的的相关度。能够将所获得信息跟组织目标或战略相结合，将其转化为能为组织所用的知识，就是有价值的。由此，我们需要的是认知主体对外界信息的吸收能力，这种能力取决于企业对外界知识的渴求程度和自身的吸收转化能力。换句话说，认知主体对外界信息的获得和转化能力决定了所获信息对组织目标的支持程度和价值。例如，有些企业组织对知识吸收比较明显，是因为组织对外界信息非常敏感．而且能进行快速的、卓有成效的转化。但是，外部吸收的信息能直接成为有用的知识是很少的，只有通过内部与外部的知识整合，即要围绕组织目标的知识再创造之后，外部知识才能被组织所利用。因此，信息是否发挥其价值作用，取决于组织的消化能力。

综上所述，可以得出两个重要结论：首先，对知识增长有积极作用的是组织认知能力，但是并不是组织认知能力越强，知识增长水平越高；其次，组织认知能力在知识存量达到顶峰之后，可能会下降。这两个结论说明，企业的过度扩张往往会导致组织认知能力下降。如果新的血液没有及时注入企业，组织认知能力的下降就不可能消化企业的扩张知识，组织知识和认知能力必将呈现出恶性循环，使组织在面对环境变化时变得脆弱而无力；反过来，强大的认知能力并非一定会带来更高水平的知识。由于它对外部信息和知识的变化过于敏感，公司继续吸收知识却来不及消化，企业的未来将令人堪忧。所以，在企业组织发展过程中，认知主体必须确定未来知识积累的方向，而且要注重通过选择外部信息和知识来确定。这意味着要通过组织结构调整和知识处理来避免认知主体库存过多的知识，也就是要不断放弃和更新。事实上，应该通过企业内学习和消化而适度释放一些组织知识，假如组织知识增长到一定程度而得不到释放，犹如一个人只吃而不转化或排泄。那样的话，就公司而言，当公司在面对不断变化的环境时，不能与时俱进，不能与时变化，可能就无暇关注外部环境而不得不审视组织内部的问题了。

由此，组织认知过程就是组织外部信息吸收、外部知识内化、内部存量知识更新等三个过程；同时，组织认知在知识存量达到高峰后也可能下降，也就是说并非组织认知能力高或强，就会使更高更强的组织知识增长水平。

二、自我认知的领导者的表现

自我认知，就是领导者的一种内在觉醒。具备自我认知能力的领导者一般有以下几个方面的表现：看问题具有前瞻性；能适应环境变化；注重建立高效团队；用激励代替控制；不断学习与改进；能把战略变成可行方案。如果你能做到这些，那就意味着你已经具备了领导者自我认知的品格，领导力的提升也就大有希望了。

1.看问题具有前瞻性

有自我认知能力的领导者一般都具有前瞻性和领导能力，所谓有前瞻性就是有长远的眼光。这类领导者通常都有很强的责任感、决策力和自信心，他们自身对目标的实现和完成的强烈意识决定了这种深层次的驱动力。

领导者一定要能看到远方，一定要有前瞻性。今天的企业家大多数都太忙，根本没有时间思考未来到底走向哪里。当你用长远的眼光看你未来要到哪里去时，你就会问自己一个问题，我现在站的地方和未来我要去的地方，中间的空白怎么填补？我的组织要怎么提升？我的人员要怎么改善？我的系统要怎么完善？这样的思考有助于你到达你想去的地方。如果你自己不去认真思考未来，没有人能够替你思考

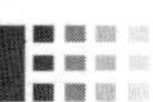

长远。

2. 能适应环境变化

有自我认知能力的领导者在面临环境变化时，会立即投入新的项目和活动中，积极地与各方交往，以获得新的信息，并尝试新的领导方法。

很多企业都知道，快速成长的最便捷方式就是并购，中国企业界最常发生的事情就是并购，而并购带来的环境变化往往是巨大的。优秀领导者会逐步了解并购来的公司的所有方面，比如关注人才、塑造企业文化、打造凝聚力、遵循平等原则等。所有这些，从根本上说都基于领导者的自我认知。优秀领导者还会把握好政治导向，利用好政策红利，让并购实现价值最大化。

3. 注重建立高效团队

有自我认知能力的领导者在建立团队的过程中尤其注重高效，为此他们努力地在公司内部建立信任，指明战略方向，破除单干局面。他们会做好团队培训工作，力促彻底解决“知不知道”“会不会做”“做不做”“怎么做”等问题，同时采取“培训＋行为改变”的方式反复持续进行，让培训达到举一反三的效果，让员工能够结合自身状况来灵活应用。

在建设高效团队过程中，激励是他们格外看重的，他们善于运用激励手段来激活团队成员的潜能，使团队成员与他们一起朝着共同的目标前进；同时还注重培养团队中的管理人才，激活优秀队员的工作能量，以将其培养成为管理者；激活团队成员创意思考与解决冲突的能力，打造共赢团队；激活团队沟通，凝聚团队使命感，认清团队目标与团队的愿景；强化承担责任的能力，快速学习建立执行系统，强化流程化管理，加速企业文化建设与传承等。

4. 用激励代替控制

有自我认知能力的领导者最善于运用激励手段激励他人，而领导者本身的心智也在激励时获得成熟表现与满足。控制是管理的目的，迄今为止，还没有人发现真正有效的控制手段。即使采用战争中的极端武力控制，往往也会令人失望。由此，管理大师德鲁克只能推崇并强调自我管理，由此去带动被管理者。

但是，用激励代替控制却有意外效果，这也是领导力的主要体现。这些领导者善于把理念化为行动，善于把障碍化为革新，善于把愿景化为现实，善于把风险化为奖赏，善于把分裂化为团结，最终通过各种激励方式激励组织成员自愿地在组织中做出卓越的贡献。

5. 不断学习与改进

有自我认知能力的领导者努力不断学习与改进，而学习与改进恰恰是自我认知的主旨。学习不是噱头，也不是只为了获取什么知识，其根本目的是为了改变，为了改进。改进的前提必须学习，学习才能

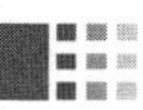

实现自我认知，以知道自己的所长和所短。

发挥所长就是要发挥领导者自己的优势，认识所短就是要能看到自己可能对团队带来的不好影响。经过这样的认知，领导者才能找到自己的改善点并不断地进行改进；对于难以改进的，则控制它不在某些场合表现出来；对于个人的短板，则找到和自己互补的人搭配班子，或者合作做事等。

6.能把战略变成可行方案

有自我认知能力的领导者能把战略变成可执行的方案，并有效监督执行。这是领导者的实务，也是自我认知的落脚点。

领导者通过对战略若干要素的有机组合，系统地解决企业“做什么”和“如何做成功”这两个基本问题。在战略层面，他们将使命和愿景作为企业的目的和追求，并有效传递至每一位组织成员的心中；在执行层面，他们会全程掌控，定位业务范围，配置相关人员，并为达成目标充分调动和利用一切资源，同时努力解决执行过程中遇到的问题。

三、认知他人的领导者的胸怀

有胸怀的人能够影响他人，激励他人，带动他人。领导者认知他人，不是为了驾驭他人，而是通过影响、激励和带动他人，促其成长，伴其成长，其具体表现主要是：有同理心，有容人之心，有宽广无私的胸怀和精神，乐于分享既得利益。

1. 有同理心

具备认知他人能力的领导者有同理心，能站在对方立场思考，能够将当事人换成自己，懂得“己所不欲，勿施于人”的道理，能够设身处地去感受和体谅他人，能够换位思考，并以此作为解决沟通问题、处理工作中人际关系的基础；这样的领导者具备较高的体察自我和他人的情绪、情感的能力，能够准确了解和判断他人的情绪与情感状态，主要是通过表情、语气和肢体等非言语信息来了解和判断；他们以他人感兴趣的方式，做他人认为重要的事情；他们能够说他人想听的，听他人想说的，以对方适应的形式去沟通。在这样的领导者看来，就算是自己的看法与他人不同，也不轻易判定一定是他人的错，他们是针对事而不是针对人，反复、认真地从其他角度去观察与思考。

2. 有容人之心

具备认知他人能力的领导者有容人之心：一是容人之短，不求全责备；二是容人之长，乐于别人在工作上、事业上超越自己；三是容人之异，即承认人的秉性、能力方面的差异，承认利益方面的差异，

有接纳多样化的胸怀；四是容人之过，鼓励成功，宽容失败。他们虚怀若谷，从善如流，有宽以待人的精神，有甘为人梯的精神，有接受批评与自我批评的精神，有正能量的精神。

3. 有宽广无私的胸怀和精神

具备认知他人能力的领导者有宽广无私的胸怀和精神，他们具备较高的思想境界，能牺牲眼前的一些既得利益。为此，他们善于自律，有发自内心的意愿，有信仰的支撑和引导。因为无私，所以他们更加赢得了他人的跟随、服从、合作、尊重与忠诚，赢得了他人的信任、信赖和信服。

4. 乐于分享既得利益

具备认知他人能力的领导者乐于分享既得利益，以宽广的胸怀分享财富、荣誉、客户、机会、平台乃至权力等，绝不独占资源。分钱和分权，这是激励他人的有效手段，也是对优秀领导者的最大考验，反映了一个领导者领导力的高低。

其实分钱并不是最大的挑战，很多领导者是舍得给钱的。分权要更难一些，原因在于很多老板缺乏自信，怕一分权就控制不了局面。而具备认知他人能力的领导者则善于分权，将权力和责任下放，这是他们以分权的形式激励他人的重要手段。领导者通过分权离开了自己原有的舒适区，创造新的舒适区。毫无疑问，这是自信的表现，说明他们不仅实现了对他人的认知，而且已经实现了自我突破。

四、认知组织的领导者的平台

组织是每个在组织中的人实现人生价值的基本舞台，更是领导者人生旅途拼搏进取的支点。具备认知组织能力的领导者将组织作为平台，发挥自己的才能，引领组织成员一起向前，奔向美好的未来。

1. 将组织作为平台是一种能力

几千年来，不同时代的人，尤其是胸怀大志的人才，都希望有一个展示才华的平台和机会。无论是雄心还是野心，他们都想最大限度地发挥自己才华的价值。虽然许多人认为只要自己有才能，就可以在任何地方得以展示，但事实未必如此。由于这种心态，许多有才能的人长期无法展现自己的才能和抱负。如果说一个人的才华是一种才能，那么找到施展才华的平台和机会则是一种能力，而且是更重要的能力。

2. 将组织作为平台就要完成组织使命

所有健康的组织都有鲜活的组织使命，而明确界定组织使命则是领导者的首要任务。领导者是一个组织使命的重要制定者、决策的重

要计划者、执行的重要监督者。组织的使命是方向，是旗帜，领导者无法明确界定组织使命，组织就会迷失方向，领导者自身将失去立场，导致组织误入歧途。领导者必须将组织的使命转化为组织目标，并确定目标的优先顺序且制定计划，同时确定行为准则并以身作则遵守规则，践行计划并监督计划的执行。总之，领导者制定并完成使命，这是把组织作为平台的真正意义所在。

第四章

激活的“成功界面”：系统谋划，三维三好

人类大脑在解剖学上可以展现出无数“界面”，如果脑神经之间相互连接起来，就可以成就我们的绚丽人生。从激活总裁领导力的角度来说，如果完善自我管理、善于影响他人、引领企业组织制胜，就会出现一种“成功界面”，从而成功激活总裁领导力。

一、自我管理好：严格慎独之行，树立职业形象

自我管理就是指自己对自己的目标、思想、行为表现等方面进行管理。这是一门艺术，为达其目的或目标，这门艺术是对自己的自我调节，以实现人生的最大价值，从而最大限度激活自身潜能。企业领导者进行自我管理的关键在于严格慎独之行，同时要树立自己良好的职业形象。

1.跨越慎独关，需怀敬畏心

人们在独自活动无人监督的情况下，按照一定的道德规范行动，凭着高度自觉，不做任何有违背道德信念、做人原则之事，就是所谓的“慎独”。慎独是人格修养的极高境界，它是人们遵守道德规范和法律要求的高度理性自觉意识。慎独偏重于行为，不可能是天生之物，而是与某种潜意识密切相关的，这种潜意识当主要是“敬畏”。作为企业领导者，要跨越“慎独”关，需要怀有一颗敬畏之心：敬畏国家法律的公正和威严，敬畏员工和客户的利益和希望，敬畏自我约束的自省和自律。

企业领导者要敬畏国家法律的公正和威严，做遵法守法的模范。

第一，要尊崇法治，敬畏法律。法国思想家卢梭曾有一句名言：“一切法律中最重要的法律，既不是刻在大理石上，也不是刻在铜表上，而是刻在公民的内心里。”也就是说，法治力量的源泉是对法律的真诚信仰和敬畏。对领导者的第一要求，就是要将这种尊崇和敬畏内化于心，外化于行。第二，要具体遵规守矩，依法办事。没有规矩，不成方圆。规矩，是约定俗成的，也许没有明文规定，或说是不成文的、自我约束的纪律。规矩是柔性的，而纪律是刚性的。二者相辅相成，相互补充，相互作用。遵守国家的法律法规，应该从更广义上理解，既要遵守成文的刚性的纪律，也要遵守那些约定俗成、经过实践检验、行之有效的不成文的自我约束的规矩。

企业领导者要敬畏员工和客户的利益与希望。首先从员工而言，真正战斗在一线的勇士才是员工，能够听到炮火声的员工建议才是最有价值的。这种敬畏不是建立在权利之上，而是一种习惯，严格上来讲是人生的一种态度。其次再从客户而言，客户的利益高于公司利益，这是一个基本点。许多成功的公司在很大程度上与客户表现为一种合作伙伴关系，相互进行协作，这是当今流行的“双赢”法则。事实上，敬畏客户还需要以感情与情感为重，正是你向客户展示的情绪与情感，才使客户相信自己真正受到了尊重，也会让客户认为公司是值得信任的企业。

企业领导者既要敬畏自我约束的自省和自律，也要善于自省和自律。

总之，要持续地怀抱敬畏之心，严格慎独之行。只要废寝忘食，朝思暮想，念念不忘，反复思考，就会逐渐将“慎独”“敬畏”渗透到潜意识之中，激活潜能，达成所应达成的目标。

2.领导者的职业形象就是品牌

职业形象是构成个人形象的基本因素，具体而言是指人们对某种职业承担着的所有表现的总体印象和评价。通过企业的领导者、管理人员、职员、销售、客户服务等反映出来的是一个企业的形象。在这之中，领导者的形象尤为重要。如果你是一个公司的总裁，你的职业形象就是公司最好不过的说明书。

有人说“企业文化就是老板的文化”，诚如斯言！总裁的职业形象还能产生领导力和影响力。世界上成功的巨人们都拥有个性化的外表及人格化的魅力，这是他们能够吸引千千万万追随者的重要原因，他们无一不在乎自己的形象。运用形象的魅力是杰出领导者的智慧之一，因为良好的形象才能够产生诱人的魅力。

领导者职业形象是精神形象和物质形象的有机统一，它是一个复杂的系统，是诸多内在因素和外在因素的有机结合。主要表现在思想、行为和外在这三个层面上：思想层面是职业形象的核心系统，是意识形态层面，包括领导者的人生观、世界观、价值观、职业理想、职业道德、职业信念等；行为层面是领导者职业形象的实践操作系

统，包括领导者的为人处世行为、人际交往行为和工作能力行为等；外在层面是公众通过感官直接感知到的系统，包括领导者的言谈举止、着装、精神状态等。领导者要塑造好自身的职业形象，就应该从上述三个层面系统地把握，系统地塑造。

二、影响他人好：宽恕他人的行为，注重岗位示范

领导力更重要的是“影响力”，其含义是如何更好地影响自己，影响他人，包括平级，包括你的领导，包括其他人。要想使影响他人取得效果，领导者要学会宽恕他人，并发挥领导者的教导力，以起到岗位示范作用。

1.宽恕他人，利人利己利组织

莎士比亚说：宽恕别人不能宽恕的是一种高尚的行为。

宽恕是卓越领导力的重要规则。宽恕对于他人来说，有利于他人接受自己，对于自己来说，有利于避免在他人的心中留下斤斤计较的影响，这有利于营建良好的人际环境。自己与他人基本上会因“自己的宽容”而身心愉快，而快乐的身心也可以形成有益的人际交往。宽恕对于领导者个人而言，有利于身心健康，能够消除仇恨、愤怒和其他不健康的情绪；同时能够让生活跃进一个新的水平，带来良好的人

际关系，利己利人，自己也能够轻松愉快地生活。宽恕对于一个组织而言，必定会营造和谐的氛围，营造充满活力的生活。

海尔创始人张瑞敏很懂得容人之道，他曾经说过："兵随将转，无不可用之人。作为企业领导，你的任务不是去发现人才，而是建立一个出人才的机制，给每个人相同的竞争机会。作为企业领导，你可以不知道下属的短处，但不能不知道他的长处。"海尔的人才理念"人人都是人才，赛马不相马"实际上就是先容人后用人的。"人人都是人才"强调的是，无论你是一线员工还是普通机械师，只要你担任这个职务并且有资格胜任工作，你就是一个人才。这是一个人性化的环境，每个人都可以得到尊重，每个人都有自己的空间。"赛马不相马"体现在人才机制上，是将静态变为动态，即给予每个人相同的竞争机会，把相马变为赛马，让压力与动力并存，充分发挥每个人的潜力，以适应市场的需要，并且每个层次的人才都要接受监督。

2.注重岗位示范，发挥领导者教导力

检测一个领导者是否有效影响他人的重要指标就是教导力。通过教导他人，使他人成为优秀的领导者，即创造领导者，也是成功的组织和领导人的一个关键能力。

由此，作为一个优秀领导者从教导力上必须做好如下几项工作：一是传授，领导者要和风细雨，要帮人。但在做教练的时候要当严

师，必须严格要求自己的部下。二是模拟，模拟而不急于实战。新员工必须经过模拟训练之后才能正式上岗，要不然就像无证驾驶一样，企业会为此付出高昂的代价。三是校正。一个好的团队，一定是有好的队风，大家来改造它，而不仅仅是教练改造它。最好的军校不是教官来改造人，而是学员来改造人。四是习惯。企业文化是表现在老员工身上的行为习惯养成。当一个系统改造一个人的时候，远比领导说话要方便，所以企业一定要促使员工去影响员工。员工如果具备了这种影响力，就能造就企业的熔炉。五是创新。创新与习惯的顺序不能改变，先要养成习惯，才能有所创新。所以企业都很注意教育新员工，学会养成习惯，然后在坚守的基础上鼓励创新。所以，对老员工就要不断地刺激他，让他创新，因为老员工工作的时间长了，做熟练了，这个时候要鞭策他，用创新来考验他，要鼓励他刷新自己过去的纪录。

三、组织引领好：挑战组织变革，拼力企业制胜

领导力是引领组织达成目标的能力，而要想引领好组织，领导者需要接受组织变革带来的挑战，并竭尽全力地打造企业竞争模式，让企业在多变的环境中制胜。这是领导者的领导力的重要体现，也是对

领导者的巨大考验。

1.排除阻力，保证组织变革顺利进行

在现今激烈的市场竞争与变化的背景下，变革已经成为企业组织的常态。一些企业组织未能变革成功，主要是因为存在各种阻力。对于领导者而言，只有采用合理的手段和方法实施改革，才能消除阻力，确保组织变革顺利进行。

组织变革的阻力主要来自两个方面，一是组织中人的主观因素的阻力，包括人的抵触心理、对利益的关注、价值观的冲突等；二是客观因素的阻力，包括组织的惯性和保守性、原有的奖励制度及文化体系等，当然还有社会机制与经济环境方面的影响。

克服组织变革阻力的有效途径和方法主要有三点：一是关注，要关注员工的心理承受能力和环境适应性，通过沟通尤其是培训，让员工及时了解组织变革的意义及企业改革的紧迫性和重要性，提高他们适应新环境的能力；二是建立，要建立临时协调部门，协调组织变革中的各方关系，以增强员工的凝聚力，确保各个变革步骤的落实；三是制定，要制定健全的组织变革方案，抓住有利的变革机遇。在这个变革计划中，应该包括情绪、认知和行为等多个维度，还应该包括反馈的环节，为组织变革提供临时效率评估，并纠正变革中不利发展的因素，减少组织变革的阻力。

组织变革是一个长期而复杂的过程，因此领导者应该根据实际情况循序渐进，以正确而有力的措施来实施变革。并建立全面的分析系统，详细分析组织变革中可能出现的各种问题，以便提前采取预防措施。

2.提升组织竞争力，企业制胜竞争市场

组织的竞争力就是企业的优势，提升组织竞争力就是提升企业优势，唯有提升组织竞争力，才能使企业在激烈的市场竞争中凸显其制胜优势。

领导者应该从以下几个方面着手：第一，组织领导者要提高组织运作效率，要有条不紊地开展组织运作，使得从控制层到命令链都能持续正常运作，进而有效提升组织竞争力。第二，组织领导者要培养基层管理者的领导力，要适应时代发展，培养组织成员尤其是基层管理者的领导力水平，不仅要关心基层管理者的工作目标，还要关心他们的工作表现，帮助他们完成起步后各阶段的成长。让他们了解企业的制度，了解企业的文化，创造环境，使组织在温馨的气氛中健康发展。第三，组织领导者要创新企业经营方式，提升组织竞争力，就要提升组织在变动环境下生存与制胜的能力，而这往往可以通过企业经营创新来实现。从经营层面调整战略决策与商业模式，往往能开创新局面，获得根本性的竞争力提升。第四，组织领导者要打造

学习型组织环境，这是提升组织竞争力的必要手段。要使企业通过学习提升持续的创新能力和整体运作“群体智力”，以助于不断创造未来的组织。第五，组织领导者要把握人才甄选标准，重视人才的培育与使用，组织的竞争力就是人才的竞争力，这就要求在岗位任职条件上减少刚性，增加弹性，避免因为重学历、轻能力，重过去、轻潜力的标准造成优秀人才流失。与此同时，企业还应该建立科学系统的员工价值评价机制，激活员工潜在的创造绩效的能力，实现员工价值最大化。

总之，要提升企业的组织竞争力，领导者需要提高组织运作效率，培养基层管理者的领导力，创新企业经营方式，打造学习型组织环境，把握人才甄选标准。这些方面要相互配合，缺一不可，少了任何一方面，都将使所有的努力大打折扣，甚至功败垂成。

第五章

激活的“葵花宝典”：利他思维，制胜五招

领导力的高低强弱，集中体现在用人、协调、沟通、授权和决策这五个方面：用人重在知人善任，协调旨在减少内耗，沟通需要有效传递信息，授权关键是合理，决策则是全流程的把控。从这几个方面着手，也就掌握了激活总裁领导力的制胜法宝。

一、仁：爱他——知人善任的撒手锏

儒家“五常”就是“仁、义、礼、智、信”。孔子首先提出“仁、义、礼”，孟子后续为“仁、义、礼、智”，董仲舒扩充为“仁、义、礼、智、信”，后便称为“五常”。这“五常”是中国传统文化价值体系中的最核心因素，贯穿于中华伦理的几千年发展中。

“五常”之首为“仁”，是儒家思想体系的理论核心，孔子将其作为最高的道德原则、道德标准和道德境界。孟子的“仁者爱人”，仁者为充满慈爱之心、满怀爱意的人。仁是人们立身处世的指南和规范，心有他人。对于优秀领导者来说，心有仁爱，就会关爱他人，关爱员工，而将其落到实处的有效方式就是知人善任，并且是既要“知人”，又要“善任”。

1. 儒家之仁：爱自己、爱亲人、爱别人、爱一切人、爱天地万物

“仁”是儒家思想的核心观念之一，儒家希望在“仁者爱人”的基础上，每个人都要孝，然后再爱其他人，从而构建一个温情脉脉的大同世界。历代大儒都把“仁”作为一种最高的道德准则，不仅孔子

对“仁”很推崇，中国古代伦理道德也把“仁”作为宗旨和根本。仁，还是中华传统人文精神的集中体现，是人们立身处世、治国从政的指南和规范。

在中国古代，“仁”的范围非常广泛，内涵更是非常丰富，几乎统摄着一切美好的道德品性。做一个“仁者”，要有仁爱之心，即“仁者爱人”。第一，爱自己，即自爱。“仁”之内涵也体现为“仁者自爱”。自爱强调仁爱是从自爱开始的，包含了对自己身体的爱惜，并以自爱为起点不断扩展，但要注意不是以自爱为中心。第二，爱亲人。也就是血缘亲情的爱，这是以自爱为起点的第一层扩展。儒家“仁爱”思想认为，爱人就要从爱自己的亲人开始，然后推而广之去爱别人。在这之中，孝悌非常重要。孝，指对父母感恩还报的爱；悌，指兄弟姊妹的天生情感的爱。孝悌简单来说就是孝敬父母、友爱兄弟。在孔子心中，实现“仁”的根本惟有孝悌。第三，爱别人。这是以自爱为起点的深层扩展，也是“仁者”基本出发点，儒家性善论（儒家有两大显学流派：性善论代表人物是孟子，性恶论代表人物是荀子）认为，人天生性善，而由天性形成的仁爱品质，是人的道德行为的发端。第四，爱一切人。孔子又将血缘亲情之爱及身边别人之爱推广开来，凡人皆爱，要求人与人之间无论认识与否都要充满爱心，要“己所不欲，勿施于人”，更要“己欲立而立人，己欲达而达人”。儒家“仁者爱人”彰显出中华文化伟大的人文品格，其“爱”

的广泛性，具备了在某种程度上的博爱意识，虽然比较朦胧，但具有一种可贵的人道主义精神。第五，爱天地万物。“仁者，以天地万物为一体”，儒家把天下当成一家，这是仁者追求的至高境界。当然，由于认识的局限性，这里的天下一家是指把中国境内的人和物都看成像自己一样的人。例如，北宋张载提出“民吾同胞，物吾与也”，意思是指人间百姓都是我同胞，世间万物皆与我为同类。从孟子开始，就发展了孔子的“仁爱”思想，把仁爱精神和情感贯穿于无限而广大的自然万物，形成天人合一，用爱心将人与自然联结为一体。孟子认为，对待别人要将心比心，要推己及人，推人及于万物，这是发展的儒家道德观。孟子之后，汉代的董仲舒说、北宋的张载论，还有后来的程朱理学、王阳明的心学、陆九渊的“宇宙便是吾心，吾心便是宇宙”等，都进一步发展和丰富了儒家的“仁爱”思想。

总的来看，儒家的仁爱思想是由自爱为起点扩展到宇宙万物的，即基于仁的本性，从父母到兄弟，再到夫妻、子孙，再到宗族、亲戚、乡邻、朋友，再到百姓，直至鸟兽草木的层层扩展。实际上，这恰合今天我们常说的人与自身、人与人、人与社会、人与自然之间四个方面的关系。在当今世界，越来越显现出儒家仁爱思想的独特智慧和普适价值，值得格外重视和弘扬光大。

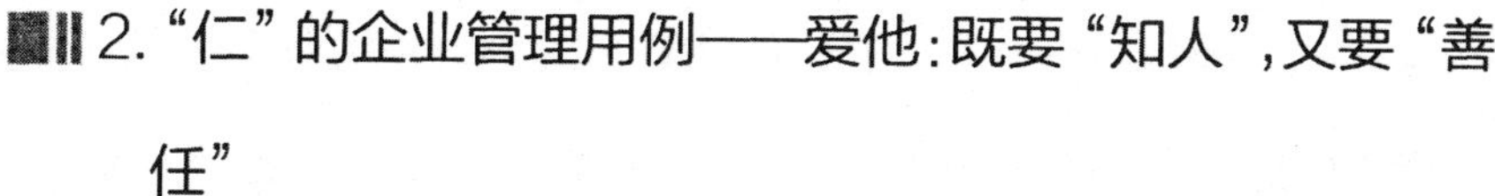

2.“仁”的企业管理用例——爱他：既要“知人”，又要“善任”

儒家之仁讲求爱自己、爱亲人、爱别人、爱一切人、爱天地万物之道，这对于现代企业领导者来说具有指导意义。这就是说，归根结底要以“仁爱”的思想“爱他”，从企业内部而言，就是要以“仁爱”的思想对待员工，激活员工潜能，为员工提供舞台，让员工发挥出最大价值。“爱他”具体体现在既要“知人”，又要“善任”，这也是“仁爱”思想施政的落地之策，更反映了优秀领导者的用人艺术精要。

“知人”体现了领导者的识人之智。在某种程度上讲，知人即为择人，因而知人就成为领导者用人的第一要素与前提。所以，在知人的基础上才有可能选择合适的人才。由此，领导者首先要对所需、所用之人有一个较全面的了解。

我们知道知人的方法有很多，不过最为重要的一条是人的品质，所谓德才兼备，“德”是第一位的，可见人品的重要性。

阿里巴巴集团董事会执行副主席蔡崇信可以说是马云最信任的人，他和马云的交情是比较深的。蔡崇信从耶鲁大学法学院毕业后，曾做过一段时间的税务律师，在加入阿里巴巴之前在瑞典最大的家族企业瑞典银瑞达集团的香港公司做投资。加入阿里巴巴，对于蔡崇信来说，纯粹是偶然。1999年5月，蔡崇信第一次见马云时，是代表公司去看要不要投资马云的。当时的阿里巴巴还没有正式成立公司，于是蔡崇信提出帮助阿里巴巴注册公司的事情，要马云提供公司里所有股东的名单。就这样，马云把跟自己创业的18个人（后被称为开创阿里的“十八罗汉”）的名字都写上了，然后传真给蔡崇信。蔡崇信见过这些人，并且知道他们都是马云的学生，但是让他没想到的是，马云却把他们当成创业人和伙伴来对待。这种与同伴分享利益的品质在创始人中并不多见，这一点实实在在地打动了蔡崇信。另外以当时蔡崇信个人的情况来看，即使这次投资失败，还可以回去做税务律师或投资人，所以蔡崇信就决定加入阿里巴巴。后来阿里巴巴成功了，蔡崇信当然和马云一起成了阿里巴巴的两个永久合伙人。蔡崇信的识人智慧很简单，就是看重马云的品质，他看到了马云愿意与人分享利益的大德品质。

“善任”体现了领导者的用人之技。“善任”的前提是“知人”，“知人”识才的目的是为了“善任”，这是用人的最终落脚点。对于企业而言，必须通过善任人才才能获得持续的竞争力。一个人不可能具备种种才能，胜任一切岗位。这就需要领导者必须具备人才管理技能或艺术，必须要在“知人”的基础上，给予人才恰当安排，形成企业组织的人员配置的最佳组合结构。

下面来看一个通过魔方识人用人的有趣例子。

据说，有一家企业在招聘人员时，给候选人发了一个魔方，要求候选人将魔方的六面排成一种颜色，在三天内交回。当时只有四个人接受了这项任务。三天后，老板来检查这些人交回的魔方。第一个人用油漆刷了六个面各自不同的颜色，老板认为这个人有创造力，公司真的非常需要这种创造性人才，因此第一个人被留下来做研发。第二个人给老板做现场演示，六个面不同颜色瞬间排成了，老板非常兴奋，认为这个人太聪明了，留下来可以做文案策划，也特别适合做总经理助理。第三个人很诚实，他说他是请大学同学帮忙排的，老板再次兴奋起来，立刻拍板定夺，认为这个人非常善于处理人际关系，留下来做销售和服务再合适不过了。第四个人是一个来自农村的女孩，她没有把魔方拼成，她说：“这份工作我不要了，我把魔方搞得一团糟，我也不知道它值多少钱。现在，我只有100元，全都赔给您，让您吃亏啦。”老板听了女孩的话，眼睛立刻睁得很大，心想：“我做老板已经十多年了，第一次遇到这么真诚的人，不但敢于承认错误，而且还敢于承担责任，把她留下来做财务是再放心不过的人选了。”案例中的四个人都留下了，并且根据每个人的特点安排了不同的工作。由此可见，企业在选择和雇用人员时，必须根据他们的特长及性格品性安排工作，这样才能充分发挥不同人才的作用。

做到“善任”，说起来并不复杂，需要把握两点即可：一是“人尽其才，物尽其用”；二是“用人不疑，疑人不用”。

管理人才，优秀领导者首先必须做到“人尽其才，物尽其用”，必须对人才合理分配和调度使用。现在的企业都要面对越来越复杂化的内外部竞争环境，作为企业的领导者，只有尽力“找人”，广泛地汇集各方面人才，并能够使每个人才发挥作用，才能制胜于竞争环境之中。正像著名的日本松下集团老板松下幸之助所言：“集合众智，无往不利。”这是用人的至理名言。一个人的才干再高也是有限的，何况没有全才之人，普通人才往往是长于某一方面的“偏才”。如果能够让众才为我所用，把众多“偏才”融合为一体而发挥巨大的力量，就能组成无所不能的“全才”。在中国古代历史上，看似一无所长的汉高祖刘邦，就是善集偏才成全才的古代领导者典范。刘邦出身于市井，文不及张良、萧何这样的谋臣，武不如韩信这样的战将，却能发挥谋臣战将的各自所长，真正做到“人尽其才，物尽其用”，因而终成大业，成为开国帝王。

那么，要做到“人尽其才，物尽其用”，关键在于创新人才管理的体制，尤其是在人才招聘、人才培训、人才评估、人才使用、人才激励等各个方面，要形成一套成熟的机制，这样才能充分激发人才的工作活力。现代企业领导者必须把用人艺术提升到相当的高度，要充分重视人才的艺术管理。

管理人才，优秀领导者还必须做到“用人不疑，疑人不用”。当然，这是一种原则与胸怀。在制度与机制建设上，领导者用人也要“疑”，这是因为现代企业面临着复杂多变的内外部环境。其实，这是对“用人不疑，疑人不用”的辩证对待，也是用人的一种创新。当然，这里的“疑”并不是怀疑员工的人格，而是因为员工可能不适合担任目前的职务，但能够在其他职位上做得很好；与此同时，不断变化的环境使企业无法确保每个员工都能胜任，而任职其他岗位则等于提供一个全新的舞台，更是有利于人才的成长，这也体现了对人才的真正的关心和爱护。另外，人才应该与时俱进，员工目前或许是人才，但不能保证将来永远是人才，任职其他岗位能够有效预防人才的知识老化，因为知识老化是人才成长最可怕的致命伤。

事实上，如何在制度与机制建设上运用“疑”人来经营、管理和发展企业，关键还在于领导者的人才管理艺术。企业组织在市场竞争变化的动态的人才组合中，一定要精心谋划并实施多渠道、多方式提高职员综合素质，这样就可以使企业拥有不断发展壮大的推动力和坚实的人才基础。

在“疑”人方面，海尔集团首席执行官张瑞敏曾进行过大胆实践。张瑞敏认为，市场正在发生变化，你今天很强壮，但未必总是很强大；我用你，但也怀疑你并监督你，这就是对人才的爱护。海尔有一个著名的“8号会议”，即每个月8号定期召开干部考核例会，评估结果均以分数表示，并在员工餐厅入口处张贴公布。如果一个干部在一年内所有分数加减的结果低于-6分，那么这个干部就将被淘汰。通过这种辩证反古训的用人新方式，海尔不仅提高了员工的素质，同时达到了增强企业凝聚力和竞争力的目的。

这种在制度与机制建设上“疑”人的艺术也被韦尔奇应用到GE公司（通用电气公司），并且将其发挥到可谓“极端”的地步。当IBM等大公司大肆宣扬雇员任期制的时候，韦尔奇却急切地着手改革内部管理体制，减少管理层次和冗员，将原来8个层次减到4个层次甚至3个层次，并撤换了一些高级管理人员。在当时，很多人都对韦尔奇的做法产生了质疑，以至于反感。但多年之后，GE公司的发展证明了韦尔奇决断的合理性：在竞争日益激烈的世界中，游戏规则正在发生变化，没有哪个企业可以成为一个安全的就业天堂，除非它能够在市场的竞争中获胜。GE公司不能保证每个员工都能一生在公司工作，但可以保证每个员工都能获得终身的就业能力。韦尔奇的用人也“疑”理念不仅有利于公司的可持续发展，而且还为改善员工的职业生涯提供了有利条件，尽管这个过程曾遭非议。

二、义：护他——做好协调的撒手锏

儒家思想的另一个重要范畴就是“义”。在儒家看来，义是个人道德修身的价值取向，也是处理人际关系的重要依据，更是具有现实操作性的伦理道德范畴。这就是孔子以“义”作为评判人们的思想、

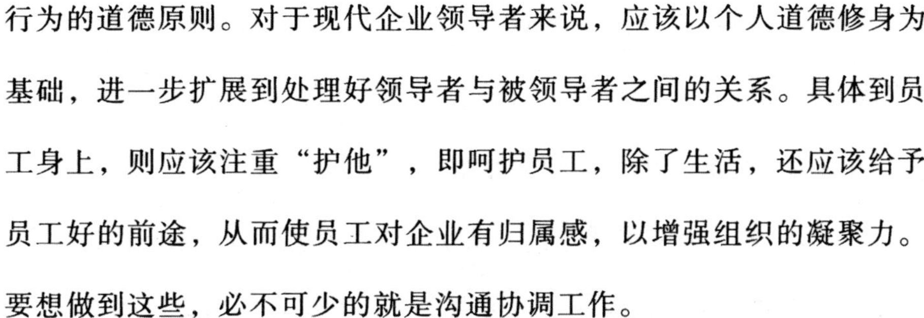
行为的道德原则。对于现代企业领导者来说，应该以个人道德修身为基础，进一步扩展到处理好领导者与被领导者之间的关系。具体到员工身上，则应该注重“护他”，即呵护员工，除了生活，还应该给予员工好的前途，从而使员工对企业有归属感，以增强组织的凝聚力。要想做到这些，必不可少的就是沟通协调工作。

1.儒家之义：内化为品格，外用为德行

如果说仁是人的主观情感，那么义就是对人的外界外在的规范。“义”在中国伦理思想史上有重要地位，它是一个内容丰富的道德范畴。儒家之“义”强调主体性和实践性，使“义”既内化为行为主体，即人的品格，在人的心灵深处播种下道德文明的基因；又外化为人的行为特征，将义这个抽象的价值准则贯穿到日常生活和行为中，从而拓展了伦理道德实践的空间。

“义”，首先具有人性化特征。孔子没有判断人性，也没有从形而上学的层面探索道德的来源。他只强调“性相近，习相远”，并认为后天的学习和实践对人的性格有着重要的影响。孟子以“羞恶”来界定“义”的内容，这是儒家思想的贡献和发展。与此同时，孟子通过“恻隐之心，仁之端也；羞恶之心，义之端也；辞让之心，礼之端也；是非之心，智之端也”这“四端”之论，希望人们可以扩展和发扬人性的善良。

“义”，其次是属于君子的人格。孔子认为正义是君子的本质，所以他说“君子义以为质”，同时认为义是区分君子与小人的标准。孔子也认为，作为一个官员必须遵循“仁内义外”的原则。

“义”，再次是强调敬长。“义”是处理源于血缘关系的社会的伦理原则，其主要目的是敬长。孟子说“亲近孝顺自己的父母就是仁，尊敬自己的兄长就是义”，这既是“义”的内容，也是“义”的具体措施。

“义”，最后的关键在于“适宜”。这是非常辩证的。“义者宜也”的意思就是恰到好处，就是应该做“宜”的事情，要求人们有所为有所不为。这使得“义”具有明显的实践性特征。“义”的适宜，最大的理论价值是妥善应对“经”与“权”的矛盾。它的辩证意义在于，“经”强调坚持道德原则，不可质疑或改变；“权”则是道德原则的具体应用，可以灵活控制和改变。“权”的变通不能离开“经”的原则，并且要更好地实践“经”的原则。在社会伦理领域，“义”的适宜性实现了普遍性与特殊性、相对性与绝对性的统一。

儒家的“义”既是人的本质又是行为的品格，可以在任何情况下统一道德价值和行为实践，使儒家的伦理道德思想历久弥新，成为国人道德修养和性格品质的主导力量。虽然人们的社会伦理道德实践丰富多彩，但终归要做一名有情有义有道德的君子！

2.“义”的企业管理用例——护他：沟通协调，为员工排忧解难

儒家之“义”讲求“经”“权”变通之道，因此领导者下达指令后，也要讲究“变通之道”。也就是说，自己下达指令后并非高高在上、指手画脚地要求员工去执行，而应该“变通”身份，放下身段，到基层去，深入一线，多和员工沟通，了解员工的所思所想，站在员工的角度去思考问题，并解决工作中实际问题，想方设法为员工排忧解难。只有这样的变通，才能激发员工的主动性、创造性，唤起员工内在的工作热情，使员工全身心地投入工作。由此可见，领导者要想受员工欢迎，必须懂得“经”“权”变通之道。

例如，新员工到岗后，领导者要时刻关心他们是否适应新工作，是否遇到困难，以及对工作的困惑，并做好协调沟通工作。这是对新员工的一种呵护，可以较好地掌握新员工的适应状态，明白新员工的心理变化和情绪状态，为他们创造良好的上下沟通渠道。细致呵护，倾听心声，解决困惑，可以为新员工带去领导层的关怀，使新员工在心理上有所依赖。通过这种领导者与新员工双方良好的感情互动，可以最大限度地降低新工作、新环境给新员工带来的不适感，缩短磨合期。

呵护员工不仅仅是工作上的，对员工的生活也要关注和关心。事实上，限制人才为组织创造价值的，除了来自组织内部工作层面的因素，也有来自人才的家庭因素，比如员工的夫妻生活、亲子生活等家庭层面的事情。如果领导者既不关注、也不关心人才的家庭因素，势必影响员工在公司的工作状态，导致员工的工作效率下降。领导者要注重发挥企业文化在这方面的作用，采取行之有效的措施。比如，可以辅导员工进行职业生涯规划，实现生涯平衡；可以倡导上下级之间充分沟通，合理分配工作时间；可以做一些生活技巧的培训，作为一种福利送给员工；可以对员工进行健康投资，定期检查员工的健康状况，切实关心员工的身体；使员工能够合理安排时间，并且拥有自主选择权，实施弹性工作制；可以尽力帮助员工解决后顾之忧，如员工结婚时公司的车可以借给员工使用，员工要买房公司提供员工无息贷款等。这些协调管理措施，都能很好地体现企业文化导向、凝聚、激励、调适等功能。

在一家公司里，人力资源部女经理收到一名女员工的辞职信后，便找到这位员工进行沟通。通过沟通了解，这名员工是休产假回来的一名老员工，这些天由于孩子经常生病，自己经常休班，感觉工作有些力不从心。听了她的叙述后，这位经理没有急于否定她的想法，而是很自然地和她聊起生活和工作方面的事情，以便让她慢慢放松下来。通过沟通，经理进一步了解到，这位员工非常喜欢自己的工作，从内心里根本不想辞职，只是由于近期经常休班，影响了整体的休倒班，主任和同事有时会抱怨她几句，更让她心理压力较大，也为

自己影响了别人而感到内疚。沟通到这里，经理明白了辞职并非这名员工的本意，但现在最紧急的事情应该是先帮助该员工解决孩子生病无人照顾的问题。于是，经理给她提出了一些带生病孩子的方式方法，同时建议她连续休假几天，专心照顾孩子，等孩子彻底恢复后再上班。女员工很感激经理，同时提出了调换项目的想法，因为她担心因为此事影响与主任和同事的相处。通过几天的休假，女员工孩子生病的问题得到了解决，计划回来上班了。当时正值旺季，女员工报到后，经理根据商品部人员空缺的实际情况，经过协调把她安排过来。女员工休假回来后，工作状态非常好，虽然她是这个项目的新成员，但她在这个旺季起到了老员工的带动作用，整个商品部因为她的带动士气高涨，业绩上涨。商品部主任给予了她高度的认可，她的工作表现越来越优秀，后来成为了商品部的一名优秀记账员和潜质领导。

事实说明，关注关心员工不只是平时的嘘寒问暖，而是应该深入了解员工的心理状态，在员工最需要的时候，出现在员工身边，并且为他们解决问题。如果每一位领导者都能用心做好关注关心工作，员工就会给我们带来意想不到的惊喜。

沟通协调不仅是解决员工问题的必要手段，也是减少内部消耗的重要手段。减少部门内部消耗，同样有助于解决员工的工作与生活难题。事实上，很多公司都有内耗，有些公司的内耗非常严重，这对做好工作极为不利。解决内耗问题，拿捏好协调艺术是一个重要条件。

具体来说，应做好以下六个方面的工作：第一，领导者应该给予员工更多的理解，如果发现有的团队成员在谈判和合作中处理不当，要容人之短，扬人之长，并且在呵护队员的前提下，转化其立场和态度。第二，领导者必须做好充分的准备，在进行协调工作时，对要协调的问题要有自己的看法，并且心中有计划。对于需要协调的事项，应该事先通气，告诉每个人需要讨论研究哪些问题，要达到什么目的，自己有什么想法等。如果各方意见有分歧，有必要提出解决分歧的方法，以避免领导者唱“独角戏”的尴尬局面。第三，领导者协调要以诚相待，开诚布公地向他人说清我们自己的协调意图，并认真转化以达成自己的愿望。第四，领导者的是非观念要明确，有必要说服教育甚至批评某些人放弃个人或局部利益，服从大局，使他们愿意接受协调的意见而不留下后患。第五，领导者要注重消除内部摩擦，没有无所不能的方式来协调内部摩擦的矛盾，只能逐一讨论，要根据每个人的特点做好说服和转化工作，一切都按时间、地点和条件的不同，具体情况具体处理。第六，领导者不能流于形式主义，协调取决于内容，要按照科学和原则行事，实实在在地讲求实效。

三、礼：尊他——有效沟通的撒手锏

孔子及儒家的政治与伦理范畴就是“礼”。所以，儒教又被称为“礼教”，那些以儒学为核心的中国传统文化，还被叫作“礼乐文化”。对于现代企业领导者来说，对人要以礼相待，具体到员工身上，就是要尊敬员工的人格，尊敬员工的工作，尊敬员工的意愿，而这一切，都需要通过尊人敬人重视人的深入人心的有效沟通来实现。

1.儒家之礼：讲规矩，重规范

儒家之“礼”被孔子赋予了新的丰富内涵，后经秦汉儒家确立的伦理制度，“礼”逐渐成为贯穿于整个社会、政治和人们日常伦理生活的主线，在封建社会发挥了重要作用。

“礼”起源于原始社会时期的祭祀活动，礼仪是当时人们的一项敬神拜祖仪式。到了西周的周公“制礼作乐”，将礼制推向了较为完备的阶段。东周时期，由于诸侯争相称霸，导致“礼坏乐崩”，孔子痛心疾首，一生志在“恢复”周王朝的礼乐体系。他首先重新确立了“礼”的深层基础，创造性地在理念层面落实“礼”的内在精神，从而构建了“礼”与“仁”的关系。孔子认为，人们如果在仪式中能够保持一颗庄严恭敬之心和一种真情实感，那就是实现“仁”了。他曾说的“克己复礼为仁”，说的就是人们如果在言行举止方面时刻保持着一种合于“礼”的自觉，也就是在践行“仁”了。孔子还就“礼”的形式与本质也就是“文”与“质”的关系有一个总的说法，即“文质彬彬”。这体现了一种人格美，表现了人的最朴素、原始的一面，在人的交往中体现的是其乐融融的和谐，这也是孔子在评价韶乐时所说的“尽善尽美”。而孟子更强调礼乐的内在精神，直接将“乐”与人类的情感愉悦联系起来，并外化为弦歌之音乐与“手舞足蹈”之乐趣。这是一种情感上令人愉悦的道德实践美学体验。将“仪式”的内在精神融入人类道德，是孔子和孟子哲学的主要特征。荀子在情感上也说过仪式和音乐，但由于荀子将人性的本质归于邪恶，所以他更加注重“礼乐”本身形式的文饰、教化作用。至宋明时期，理学家们将礼的本质归结为和人性是相互关联的形而上学原则。这样一来，既继承了孔孟注重情感的趋向，同时更富有形而上色彩和理性主义色彩。

这就是儒家之“礼”的内在精神，但“礼”终究要落实到社会制度、政治制度上，落实到日常生活的伦理教化中。因为社会有等级，所以需要规范，这样社会才能和谐有序。事实上，封建社会的“治理规则”在一定程度上直接实现了儒家之“礼”的内在精神。其中，作为政治制度的“礼”是一整套从上到下的君主制行为规范；作为社会制度的“礼”则用来约束组织成员的行为规范，并由不同的社会组织自发制定。无论政治制度，还是社会制度，其“礼”都要涉及“礼”与“法”的关系问题，处于主导地位的是“礼”，而“法”则是辅助的。在日常生活的伦理教化方面，“礼”不再具有强制性特征。例如，师生、父子、老幼、宾主间所要遵守的仪式，其言谈举止都要有一定的规矩，人们也必须要遵守某些规则。这是我们日常生活中的一个问题，也是儒家学者所说的“仪式”的重要组成部分。这些规矩可以培养人人向善、向美的情感。当然，这些外在形式所包含的意义随着社会的发展也在发生变化，但形式本身一直是存在的。从某种意义上说，“礼”即使只是一种形式，在社会中仍然是必要的。如果现实社会中哪个人不懂礼节，将会被人看不起。

总之，“礼”是儒家学说比较崇尚的一种思想，也是治国的方略。其内容非常繁多，范围也很广泛，涉及人类各种行为和国家的各种活动。每一个“礼”的解释，都是为人所需要做到的准则。

2.“礼”的企业管理用例——尊他：深入人心的沟通，是最大的尊重

儒家之“礼”讲求遵循行为规范之道，是规矩之学。因此，在沟通过程中要遵循一定的原则，讲究方式方法，这样才能收到实效，即所谓有效沟通。否则，就是无效沟通。

领导者与人打交道离不开沟通，他们也主要是做人的工作。正所谓“一时强弱在于力，万古胜负在于礼”，因此必须遵循沟通的基本原则：清晰传递自己的观点并令对方接受。基于这个原则，重要的不

是你说了多少，而是对方能够接受多少；更重要的也不是你说什么，而是对方是否接受你所说的；尤其重要的是要掌握反馈的能力，让下属准确、有效地接收到信息和反馈信息。

有的人沟通效果不佳，说话令人抵触；有的人倒能让人欣然接受或心服口服，但话却不多。之所以出现如此大的差别，原因在于沟通是否深入人心。深入人心的沟通，是对人最大的尊重。

深入人心的沟通就是与对方的潜意识进行交流，而没有深入人心的沟通只是停留在显意识层面。进行显意识层面沟通的人大都处于评判、怀疑、挑剔的状态之中，是用大脑进行逻辑推理和理性思维，简言之就是理性的。显意识层面的沟通也能产生相应的效果，但往往会要求沟通者有超强的语言能力和思辨能力，同时需要投入更多的时间和精力。在现实中，人与人之间的沟通大多处于潜意识层面。而潜意识层面的沟通则是感性的。其沟通集中在本能、情感和灵魂里面，它是让人内心共鸣、灵魂震颤的交流，是最有效也是最节省时间和精力的沟通。然而，不容易做到的却是潜意识的沟通，原因是要想接近一个人的潜意识，必须先越过这个人的理性意识，有人将理性意识比喻为“哨兵”在把门，它随时警惕地检查每一个想进入潜意识大门的人。所以，必须经过意识“哨兵”这一关，才能深入人的潜意识进行卓有成效的沟通。没有人能把这个“哨兵”打死，而只能通过“麻痹”的手段。

潜意识沟通体现了对人的一种尊重，它充分考虑到对方的内心世界，使沟通更为有效。那么，如何进入潜意识中呢？与对方的潜意识进行沟通，最重要的是聆听，没有良好的聆听就不能产生好的沟通。让对方知道你在聆听，要注意身体语言，比如和他人交谈时身体轻微前倾，表明你正在听对方讲话，并对谈话很感兴趣。这对于对方来说通常是一种恭维的表现，对方也就很愿意继续与你交谈了。点头也能让对方的潜意识认为你理解他讲的内容，因为点头发出的是赞同的信号。尤其是当对方讲得很兴奋时，你的点头更具有威力。还要有眼神交流，直接的眼神交流会让对方的潜意识认为你正在听对方讲话，并且你很愿意了解他。不过太多的眼神交流反而会适得其反，最好是中间有简短的间隔，你可以观察对方脸部的其他部位，也可以在他的两只眼睛之间来回看。另外，在沟通过程中，每当对方给你回应或者讯息，应先说声“谢谢”，然后再继续下去。这样，对方的潜意识会知道你肯定、接受、认同和欣赏自己，会更乐意与你有更多的沟通。

无论何种方式的沟通，反馈其实都是最重要的，因为它是检验沟通是否有效的唯一标准。采用有效的反馈方式，就能取得良好的反馈效果。如果反馈听起来常常是批评的语气，那一定是方式不对。首先是双方要建立起平等和信任的关系，要清除所有干扰因素，没有这个前提条件，反馈就不能成功。其次是正确组织反馈内容，内容要具体、客观、中立，同时反馈的语言应该是友好的，必须诚恳、友好地表达反馈意见。最后是坚持一些简单的沟通准则，反馈应该对事不对人，应该针对谈话对象的所作所为做具体详细的解释；反馈也应该看准时机，要注意选择恰当的时间、地点和场合，在对方愿意接受的时候进行反馈；心态上要支持对方，端正态度才能以合适的方式说话。

关于沟通中的反馈，有一个“三明治反馈法”应该了解一下。该方法分成三段：第一段是如沐春风地赞美，第二段是温柔一刀地批评，第三段是和风细雨地鼓励。这种方法能够在表扬、鼓励的氛围中使员工成长。运用这种方法的关键在于把握分寸，否则沟通反馈达不到想要的效果。具体来说，要考虑到被反馈人的接受程度和时机；要注意把握对事不对人的批评词语；要循循善诱地引导对方从自身找到解决问题的办法，而不是直接告诉他答案；每一次最好针对某个关键问题进行改进等。

四、智：利他——合理授权的撒手锏

“智”是孔子的认识论和伦理学的基本范畴。它是指知道、了解、见解、知识、聪明、智慧等。在《论语》及《礼记》里写作“知”，即“智”，是通假字。通假字本质上不是错字或别字，而是正常的文言现象。“智”的内涵主要涉及知的性质、知的来源、知的

内容、知的效果等几方面。

儒家认为，智者是头脑最清醒、看问题最透彻的人，并认为这是人必备的一种重要品德；同时，“智”也是实现“仁”“义”和“礼”的重要手段，没有“智”不可能做到“仁”“义”和“礼”。我们知道，儒家强调人要有“仁爱之心”，能够爱别人，显然这是利他的；儒家将“义”作为个人道德修身的价值取向，这也有助于利他；儒家认为“礼”就是行为规范，这同样有助于利他。因此，作为现代企业领导者，应该以智者的头脑爱别人、重修身、尊规范，在这个过程中行利他之举，尤其应注重利他的具体措施：合理授权。

1. 儒家之智：是非曲直和善恶的判断之心

儒家之“智”不局限于简单的聪明，也不局限于知识，更不是知识加聪明的结合，而是蕴含着丰富内容，是一个综合性概念。在悠悠的历史长河中，儒家之“智”深刻影响着中华文明的发展和士人品格的塑造。

首先，认识论是“智”的理性内容。《论语》中将《学而》放在第一篇，就是强调求知的重要性，把学习知识看成是智慧和道德品质的重要基础。孔子关于“智”的论述构建了比较完整的认识论，这既是儒家思想的重要组成部分，也对中国文化知识传统产生了重要影响。认识论的基本问题是知识的来源与获取。对于如何获得“智”，孔子认为，个别人是先天就“生而知之”，而更多的人则要靠后天

“学而知之”，认为学习是获得“智”的主要途径。由此，孔子明确说，一个人如果好学，那么他就接近于“智”了。儒家认为可以通过探究事物原理而获得“知”。《礼记》中提出的“致知在格物”，认为获得“知”的途径在于探究事物的原理，即格物。并提出在此基础之上，才能做到诚意、正心、修身、齐家、治国、平天下。认识与实践，这两者间的关系是认识论最重要的问题。儒家把“行”看成是“知”的组成部分，坚持“知行合一、学以致用”。

其次，明辨是非是“智”的人格内涵。“智”不单纯是指科学知识，更重要的是指道德领域的明辨是非能力，即了解行为的正确与否，如何实现“仁”与“义”，以及什么行为符合“礼”。因此，孟子认为明辨是非是“智”的开始。“智”和“仁”“义”“礼”一样，是人固有的品德，如果没有是非之心，也就不能称其为人。如果一个人没有对道德观念的意识形态上的理解和认识，也就不会有相应的道德行为。

最后，教化培育是“智”的重要功能。知、智、教密切相关，知识、智慧、教育是不可分隔的系统。孔子的知识理论及其教育理念有着共同的逻辑前提，即“学而知之”，它既要求一个人通过学习获得道理和知识；又要求通过教育传授道理和知识。“有教无类”是孔子最重要的教育思想，即不论阶级、不论地域、不论贤愚，只要愿意接受教育，就要给予谆谆教诲。这一想法打破了教育等级界限，扩大了教育范围，具有积极而深远的影响。“因材施教”是孔子智慧理论在教育领域的延展，他把人区分为中人以上和中人以下两种情况，并对其实施不同的教育。这就是“因材施教”的思想基础。

总之，“智”既是认知过程又是认知状态，是“仁”“义”和“礼”等所有道德行为的先决条件。道德观念决定了道德行为，道德行为是道德观念的物质形态。千百年来，人们求“智”不止，因为无论我们是生活还是修身，离开“智”就什么都谈不上。自己有是非曲直和善恶的判断之心，那么做事情时就不会为了面子或者其他原因而自欺欺人。正所谓“知之为知之，不知为不知，是知也”。这是一种“知”，更是一种大“智”。

2.“智”的企业管理用例——利他：合理授权，重在“合理”二字

儒家之“智”是智慧之学，要求人们能够明辨是非曲直和善恶。授权也是如此，在授权中必须明辨具体情况，合理授权。这样的授权才有意义，否则反受其害。

某医院的一位医生有一男一女两个实习生。男实习生小安总是神采奕奕，白大褂一尘不染，并严格遵守医生规定工作时间，一分钟也不肯超时。女实习生小贝每天热情有加，忙得不亦乐乎。医院最后评选优秀实习医生时，小安当选，小贝落选。就在所有的人都为小贝

抱不平时，担任评委的医生们对此有更深刻的解释，他们认为，小贝落选的原因是她把为病人治病当成了自己一个人的职责，事无巨细统统包揽。由于她过度负责，缺乏足够的休息，导致疲惫不堪，情绪波动，工作差错多。小安则看到了医生职责的边界，他知道一个医生只是治疗的一个环节，是救死扶伤的一部分，病人只有在医生、护士、营养师、药剂师等人的共同努力下才能更快地康复。他严格遵守职责的要求，不越雷池半步，把主要精力用于职责界限内，因此每天精力充沛，注意力集中，很少出错。

这个案例告诉我们：授权时明确“权”与“责”的界限是多么重要！所谓授权，就是上级对下级的授权，使其在一定范围内有处理问题的自主权力与责任。这里要强调的是，授权不是把自己的岗位职责下放，而是把本属于下级的职责归位。例如，很多服务行业，一遇到问题就要找老板，老板一句话问题就解决了，实际上这句话员工也可以说，可因没有授权，员工只能告诉顾客得找老板，员工的心里明镜般地知道这事找老板一定能解决。如果授权了，就没必要凡事找老板了。学会授权，这是行政领导者的分身术和成事术。如果领导者事必躬亲，事无巨细一概包揽，结果只是领导者自己整天忙忙碌碌，却事倍功半，收效甚微，而员工倒落得清闲，不必负任何责任，有事就推给领导者，也有专家把这称作“向上授权”。

做到合理授权，避免员工“向上授权”，领导者需要懂得授权的

艺术。主要是把握好以下原则。

第一，留责授权。即领导者将权力授予下级后，下级在工作中出现问题下级自己负责任，不过领导者也应负监控不力的责任。许多领导者存在误区，比如“我交给你的任务，就是你的责任，你就要负责到底”“我交给你的任务，你就得自己想办法做好，你做不好就是你的问题”“我有时候给你一些挑战性任务，这是对你的锻炼机会，你应该想办法做好”等。事实上，那些能够带出好下属的领导者，能够帮助下属在授权后提高完成任务和分析问题的能力，这样下属就可以在调整中提高自己。授权要注意指导和检查，否则就是不负责任的授权，最终将是失败的授权。

第二，适度授权。任何时候，权、责、利都应该是对等的。合理授权，就是要整体移交“权力”。如果你只给下属权力不给下属责任，将使下属乱用权力；只给下属权力和责任而不给利益，将使下属没有动力行使权力，使授权失去意义。所以，授权一定要权责利明确，适度合理，把权力的边界说清楚，否则结果难以想象。具体来说，不能把全部领导权分解下放，也不能把不属于自己的权力授予下属。

第三，视能授权。主要是要因事择人授权，什么人干什么事，也就是说领导者应以岗位空缺和实际工作需要为出发点，根据岗位和人员的实际需要选拔和聘用各类人才。同时，领导者授权时更应根据个人的才能大小和知识水平，来授予不等的权力和与之相应的责任。

第四，逐级授权。领导者所授予下属的权力应该是领导者自身职务权力范围内的决策权，即领导者自身的权力。这些权力，不能授予不同层级的人。比如，高层领导者不能把自己所享有的权力授予中层领导者的下属，而只能将自己享有的决策权授予直接领导的中层领导者。否则，就是越级授权，会在实质上侵犯自己下属的合法权利，既会造成下属有职无权，也会造成自己与下属、下属与他的下属之间的相互矛盾与隔阂，更给自己的下属的工作造成被动，不利于有效工作。领导者不能违反逐级授权的原则，而要明确应授的权力与授权的对象。

第五，监控授权。现代企业管理的一个重要指标就是授权监控体系完善与否。完善的授权监控体系，必须从授权监控的诸多方面共同努力，如监控的目标、流程、技术平台、组织、制度、考核及文化等，这样才能实现全方位的有效授权监控。监控授权就是要在过程中随时关注工作进展，要从组织制度上保障授权在可控或可监督的范围之内，对偏离工作轨道的授权，要能够及时予以纠正。

五、信：忠他——信守承诺的撒手锏

儒家“五常”价值系统的核心构成要素最后一个就是“信”。儒

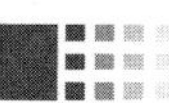

家以“信”为朋友之伦的主德，其主导思想就是以忠信为本，主张建立人与人之间的相互尊重、相互接纳和相互信任的和谐氛围，用以构成社会公共生活与人际交往的基础。对于现代企业领导者来说，以“忠信为本”仍未过时，当下只有信守承诺、兑现承诺，才能激励员工，并调动他们的积极性。

1. 儒家之信：奠定诚信价值根基的“德性”

从儒家学说而言，人之生存本质的内在要求就是一个字——“信”，它是奠定诚信价值之生存论根基的“德性”。孔子认为“信”是贤者必备的品德，他把“信”作为“仁”的重要体现。他表示，凡是能够在言论和行为上做到真实无妄的人，就一定能取得他人的信任；当权者如果能够讲信用，老百姓也将以真情相待而不欺上。一个“信”字了得，它对于中国人道德品质和人格塑造产生了重大而深远的影响。

首先，“信”的灵魂是诚。在儒家思想中，“诚”和“信”是两个既有联系又有区别的概念。这种联系是一种道德和另一种道德的范畴，这两种概念的内容基本相同，可以是通用的；区别之处在于，“诚”是一种形而上的本体论范畴，“信”只是一种形而下的实用概念。自近代以来，“诚”和“信”被组合为“诚信”，它要求政府诚信、商业活动诚信及社会交往诚信。

其次，“信”的本质是平等。儒家的人伦思想往往是不平等的，而从“信”的内涵来看，平等正是儒家思想真正价值所在。平等意味着主体具有自由的人格，并有能力控制自己的权利和义务，这是相互缔结契约的前提，也是相互建立信任的前提。儒家之“信”所蕴含的平等价值，对人类社会具有永恒的意义，平等始终是人类在过去和未来追求的价值取向。

再次，“信”是立身处世的基础。立身是指如何做人，处世是指社会活动中与人如何交往。《论语》中曰：“一言既出，驷马难追”；孔子云：“言必诚信，行必忠正”；孟子也言：“诚者，天之道也；思诚者，人之道也”；荀子还说：“君子养心，莫善于诚”……这些言论，无不强调“信”是人生立身处世之基，人而无信，则寸步难行。

最后，“信”可以治国理政。儒家思想认为，诚信治国、取信于民是治国安邦之道。儒家主张积极入世，倡导“学而优则仕”，其任何思想观点最终都会落实到政治领域，以便对治理国家贡献自己的智慧和力量，使国家太平、安定。

总之，“信”是传统社会坚守的伦理准则，而今天“信”的内涵早已不止于儒家最初之“信”，而是基于现今“诚信”一词的基础之上，已被人们广泛地理解并接受，是全世界都能够接受和必须遵守的最低限度的伦理道德原则。

2.“信”的企业管理用例——忠他：信守承诺，说到做到

儒家之“信”讲究忠信为本，注重诚信。在今天，“取信于民”已经成为了每一个领导者开展工作的基石。企业领导者应以诚信为本，坚决信守承诺、兑现承诺，才能维护一个领导者的公信力，从而调动员工们的积极性。

兑现承诺会让人产生信任，不能兑现承诺就会让人失去信任。领导者们都知道承诺的重要性，也都明白承诺是怎么回事，但总有人因某些特殊原因无法兑现承诺。特别是一些领导者，当下属做了一件很开心的事情时，常常会匆忙做出决定，脱口而出地许下诺言，诸如调岗、晋升、加薪等，这就让下属满怀期待，翘首以盼。但由于某些原因，比如工作繁忙，他也许说过之后就完全忘记了，结果承诺未兑现，以至于极大地挫伤了下属工作的热情，甚至削减了下属工作的积极性。

有一个老板发现公司的一个员工表现很出色，就告诉员工下个月给他加薪。这位员工听了这话，干工作更有热情了，加班加点，早出晚归，整天忙得不亦乐乎。等到下个月发工资时，他却发现还是原来那些钱。从此以后，这位员工再也没有激情工作了，而且总是莫名其妙地发脾气，因为他觉得自己被老板“耍”了。发完工资一个星期后，他就辞职不干了。

身为领导者，千万不能开类似上述案例中的那种“空头支票”！

领导者是有公信力的人，如果无法兑现自己的承诺，就会让公信力大打折扣，与此同时，作为领导力重要指标的影响力也会受到极大损害。商场就讲究一个“信”字，作为领导者，如果连自己说过的话都做不到，就无法得到他人的信任。

当今中国商界最具争议和最具传奇色彩的人物史玉柱在领导者诚信问题上有着独到的见解，有资料介绍：曾经有人问过史玉柱，现在的领导者至关重要的素质是什么？史玉柱的回答是“说到做到”。他解释说：“你只要承诺了，几月几日几点钟做完，你一定要做完。完不成，不管什么理由，一定会遭到处罚。往往越没本事的人，找理由的本事就越高。我们干脆不问什么原因了，你部门的事你就得承担责任，不用解释。所以现在大家都说实话，不搞浮夸了。”史玉柱认为，做出的承诺一定要兑现，无论是谁，都必须说到做到。如果做不到，领导者就要想方设法帮他做到。这是一个成功企业必须要有的诚信作风。

在北京，中国企业家俱乐部携手野生救援协会曾联合发起主题为“保护鲨鱼，拒吃鱼翅”的公益倡议行动。中国当今企业大咖王石、冯仑等代表数百名企业家积极呼吁，“保护鲨鱼，拒吃鱼翅”从自身做起，用行动影响鱼翅的主力消费群体，并签署了宣言承诺接受公众监督，其主要内容为“我不吃鱼翅、我不以鱼翅为礼品送人、积极以自己的行动影响身边的亲人和朋友”等。柳传志、李东升、马云等

100位商界精英积极响应，共同在该项宣言承诺上签名。这些人都是具有影响力的人物，在这种公开场合做出如此承诺，不禁令人心服。因为只有重承诺并守得住承诺的人，才会有这样的自信，做出这样的举动。

承诺是激励和调动下属积极性的一种行之有效的方法。但领导者必须慎重，因为一旦对承诺运用失当，不仅不会调动下属的积极性，相反还会挫伤他们的积极性，同时会使领导者失信于下属，直接影响领导者的公信力和影响力。所以，领导者在运用承诺的激励方法时一定要把握好度。

一看是否需要承诺。虽然承诺是激励下属的有效方式，但从口头承诺到最后的履行需要一定的时间。由于时间滞后，再加上领导者可能因某些特殊原因无法兑现承诺，而下属对领导者的承诺是会牢牢记住的，领导者一旦没有履行承诺，必将失去下属的信任。因此，在涉及诚信的重要问题上，领导者必须认真对待并保持谨慎，不要破此大忌。在承诺之前，首先要考虑是否需要对下属承诺。如果需要承诺，其次就要考虑将来能否兑现承诺；如若不需要什么承诺，就免开尊口。对于需要的且自己日后有能力兑现的承诺，一定要在该兑现的时候给予兑现。如果担心遗忘，不妨将自己做出的承诺写在记事本或者容易看到的地方，这样可以时时提醒自己，一定要将承诺的事情办到。领导者不轻易做什么承诺，做任何承诺都要无条件兑现。

二看承诺的时机是否合适。要选择好时机向下属承诺，不是任何时候都可以随便开口的，这里面有个把握时机的问题。领导者对在什么情况下需要承诺必须心中有数，一般来说，可以承诺的情况有三种：一是任务紧急且时间紧迫，需要加班才能完成；二是需要挖掘下属的潜力，让下属进行创造性的工作，因为现有的力量很难完成当前任务；三是有一项非常重要的工作需要完成，但只有某些人有能力去做，而且这个人自己也相信“非我莫属”。

三看承诺是否分轻与重。承诺一定要分事情的大小和轻重。对于一些重大问题，如某些关键职务的任免，就不可以轻易承诺，因为这样的重大问题不是哪个领导者自己可以决定的，它涉及领导班子集体的意见、群众的测评、组织部门的考察、上级领导机关的批准等因素。如果领导者对此脑袋一热、拍板承诺，其结果未必就是承诺的那样，因而很容易削弱下属的积极性，也会使自己失信于人，处于尴尬境地。

四看承诺是否明确具体。在实际工作中，很多时候，领导者为了激励下属而需要做出承诺。我们说要谨慎承诺，但不等于不承诺。领导者做必要的承诺时，要把承诺的内容说清楚，一定不能含糊其辞。因为即使同一个句子，在不同的人那里也可能会有不同的理解；即使同一个人，在不同的环境和不同的情绪中，对同一个句子也可能会有不同的理解。因此，当向下属承诺时，一定要讲得清清楚楚、明明白

白，以避免下属在理解上产生歧义。

五看是否承诺留有回旋余地。比如在一项考核中，领导者即使坚信下属的考核结果能获得满分，但在结果出来之前也不能把话说满，不要告诉下属“你能获得满分”，可以说“你获得合格是没问题的”。这样做的好处是，可以给自己和下属都留有回旋余地，从而防止考核过程中因突发事件而无法兑现承诺；如果在没有完全告知的情况下，根据考核成绩给下属打个满分，则可以给下属一个惊喜。这就是说，兑现承诺时如果能超出下属的心理预期，就会产生格外好的效果。所以，承诺留有余地是非常必要的，这是一种艺术。

第六章

激活的“禁止键盘”：小心谨慎，不可误操

人们在激活总裁领导力的过程中存在许多误区，诸如神秘感、只信自己、事事亲力亲为、决策反复无常、把员工当工具等。由于操作激活“禁止键盘”的失误，致使人们混淆了领导力本身与领导力表现及其相关内容。澄清这些误区，将有助于我们有效地激活总裁领导力。

一、神秘感：疏于交流，隔屏发令

有的企业领导者善于“装”，总是让人觉得他很神秘。他们跟员工的交流很少，对员工发号施令多以电子手段，也不跟员工讲未来，认为只要做好当下就可以了，但对于如何做好当下并不做具体的指导。这样产生的神秘感，将导致团队往往没有凝聚力，员工有力放不开，有劲没处使，关键是不知力往哪里开，不知劲往哪里使，这样的团队肯定发展不好，领导自然要遭淘汰。

1.神秘感与保持适当的距离

人与人之间有的时候由于太熟悉的缘故，熟悉便平淡，于是有人认为“距离产生美”，更有人据此认为“领导者应该保留神秘感”。其实，保持适当的距离是对的，它所带来的神秘感能让人产生某种崇拜心理，这在一定程度上有助于实施管理。不过问题的关键在于“适当的距离”，这才是核心所在。如果为了追求神秘感，躲在办公室不与下属联系，这样的距离产生的神秘感一定毫无意义，结果事与愿违。只有保持适当的距离，才能产生正向的神秘感，才能发挥积极的

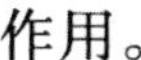

作用。

那么，领导者究竟该如何与下属保持适当的距离，的确是作为领导者需要重视和考虑的问题。二者之间的距离应该是多少，太近怕影响工作，太远怕有隔阂。其实，这个距离并无具体的要求，要视团队的风格而定，团队形式的不同也将决定领导者与下属之间距离的远近。

例如，一个可以独立解决问题的团队，领导者不必与他们朝夕相处，但每周应花几个小时来讨论具体问题，诸如如何提高产品质量、如何提升销售业绩、如何计划组织营销活动等；对于自我管理的团队，这种团队通常具有强烈的团队精神，但也存在一些不完善之处，因此应该与员工保持一致的距离，但私下里应该与部分成员进一步联系；对于传统团队而言，它多为中小型企业，故管理能力相对较弱，因此领导者应该与下属保持较为密切的关系，以赢得下属的尊重，并尽可能地做事，但同时要在心理上保持适当的距离，以维持领导的神秘和权威，减少对下属的怀疑，避免发生不必要的内部争斗。

管理的人数多少关系到距离的远近。例如，许多中小型企业的人事部门、行政部门和客户服务部门的人员很少，部门经理多数带一个或两个人，经理与员工之间的距离往往非常近，有一种相依共存的感觉，他们都能够很好地完成任务。因此，领导者不必用过于复杂的领导技术和手段。如果有多个下属和你一起工作，这时，领导者通常只要注意日常工作安排是否合理，绩效考核是否公平公正就可以了。如果有几十个或更多的下属，领导者就必须做很多工作来维护自己的形象和地位，与工作人员之间应该保持适当的距离，甚至更远一点，以利于体现权威。但在业余时间可以走近员工，尽可能地平易近人，这样员工在工作中才会表现出对领导者的尊敬和畏惧。当然，一定不能非常接近，一是容易暴露个人缺点，影响下属对你的钦佩，甚至使下属对你感到失望；二是非常接近的人由于时间、精力和情感的制约，根本不可能保持平均值，由此会使员工有亲疏之感，工作起来将产生莫名的阻力。

2.减少隔屏发令，注重当面交流

人是社会动物，有着复杂的心理、复杂的关系，需要与其他人接触。邮件和电话会议等“隔屏”方式无法满足人们与他人直接接触的需求，尽管现在网络很流行，但人们还是更加渴求与他人直接接触或对话。因此，要走出单纯保持神秘感的误区，就该尽可能避免采用隔屏发令的方式，而更多地采取面对面的沟通交流方式。

特别强调交换关系的意识莫过于心理学家的社会交换理论。强调这种交换关系的意识，是用电子沟通手段很难实现的。只有面对面的形式，才利于建立这种交换关系，包括谈判、好感、承诺或理解。

有调查结果显示，即使生活在数字时代，商务人士仍然更倾向于采取面对面的会议形式。很多人特别在意舒适的会议氛围，领导者如果善于打造良好的氛围，对于会议的成功将发挥重要的作用。通过面对面的会议，与会者能够积极参与并积极互动。这对于领导者与下属之间加深理解，增强合作，都是很重要的。

面对面沟通的方式可以促进领导者与下属之间的交流，交谈过程中也能获得更多的舒适感，使交流怡然自得，同时通过互动也有利于做出更快更好的决策。面对面的关系不仅能帮助双方建立透明和信任，还可以促进交流，其效果要远远超出其他形式的沟通。信任是建立有效的商业关系的重要组成部分，而信任可以通过重复的面对面的互动形式加以建立。

办公室里的环境，同样有利于面对面的沟通。在这里，领导者通过观察员工们的行为和情绪，可以侧面了解公司的相关规范、企业文化及运营方式等。在办公室工作，还会产生一些意想不到，但可能非常有利的结果，比如与下属们来一场头脑风暴，由此可能会成为突破性创新的源泉。

二、只信自己：盲目自大，经验主义

很多企业领导者一贯只相信自己，认为这个世界上只有他们最聪明最能干，离开他们地球绝对不会转。这一点在很多中小型企业老板的身上更为明显，其最大的误区就是不相信员工，认为“公司是我自己拼出来的”：盲目自大导致自我膨胀、性格扭曲；经验主义导致脱离实际、武断专行。他们以为进了庙就成了仙，久而久之，必将被市场竞争的浪潮所淹没。

1.盲目自大的产生及其危害

盲目自大的领导者并非天生的，而是在一次次的自我肯定和别人的赞美声中养成的。他们开始的时候都勤勉尽责，不仅能带领员工达成组织目标，还会正面影响员工的情绪和思想。久而久之，员工就将这样的领导者当作老师、家长，认为领导的权力能够保护自己的身份、位置，于是紧紧跟随领导者的脚步并且随声附和，没有怀疑，没有批评，只有赞美，只有讴歌，甚至谄媚；而领导者也越来越盲目自大，认为自己是个天才，不仅无所不能，而且一贯正确，以至于自我膨胀，性格扭曲。

盲目自大，危害甚矣！

首先，盲目自大的领导者极力主张扩张，忽视主营业务，拓展新的领域，导致承担不可预知的风险。这些人陶醉于自我膨胀的虚幻中，不调研、不思考，因而对现实缺乏正确认识，靠感觉办事，陶醉于企业做大做强才能得到鲜花和掌声的幻想中。

其次，盲目自大的领导者不再重用能人，坚定不移地认为没有自己办不成的事情，坚定不移地觉得自己是大智慧的高人，拒绝听取一切反对意见。对功臣缺少感恩和尊重，甚至认为是自己搭建了平台，才让那些功臣有饭可吃。员工得不到尊重，必将会做出愤怒的反应，他们对领导的态度很快会由崇敬转变为敌对和反抗。面对员工们态度的转变，领导者则会恼羞成怒，常常以“穿小鞋”或解雇的方式来实施报复。

最后，盲目自大的领导者听惯了阿谀奉承，醉心于讴歌赞美，认为溜须拍马者就是“支持者”，刚直不阿者就是“反对者”。于是，所有人开始明哲保身，一种狞厉的办公室政治氛围由此形成，公司从此陷入自欺欺人的死循环。

盲目自大者必须加强心理建设，注重发挥“自我意识”的作用，理性地想一想自己究竟有多大能量，认真地看一看团队合力的作用，把眼光放长远一点，不要总盯着眼前的蝇头小利，把格局扩大一点，吸纳不同意见，通过自我教育和自我控制，来摆脱这种骄傲无知、愚蠢至极的状态。与此同时，还要勤勉工作，凡事谦虚谨慎，切勿动辄欣欣然、飘飘然。

2. 告别经验主义，摆脱惯性思维

经验主义与惯性思维也是密不可分的。人因为有丰富的经历，所以才有了一定的经验积累，这些积累促成了人的思维习惯的形成，惯性思维由此产生并影响人们此后的心态和做法。领导者只相信自己，就是惯性思维造成的经验主义。只相信自己的领导者凡事靠经验，常常拿经验说事情，并拿这些所谓的“经验”去教导他人。其实这些“经验”只是思维定式，并不是实操经验。企业组织的员工，需要的不是定式的惯性思维模式，而是实操经验。

有惯性思维的领导者，习惯性地用旧方法处理新问题，因对经验的依赖而失去了创新的动力，他们在解决问题时常常凭借经验，循规蹈矩，不敢越雷池半步……这些都是惯性思维下的典型经验主义的表现。

经验丰富不是坏事，但如果应用不当，就会让自己缩手缩脚，前怕狼后怕虎，裹足不前，踌躇满志又举棋不定，这是很致命的。有人说“老江湖怕江湖”，正是这个道理。要想克服经验主义，就必须摆脱惯性思维的泥淖。

一个人的成功，在于其成熟的思维模式和完善的心智模式。重塑

思维认知就是打造思维模式，完善心智模式。领导者首先要认识到，明天比今天重要，今天比昨天重要，未知的领域永远大于过去的已知。因此，不要将过去的经验、思考常识置于头脑中最重要的位置，要始终对未知保持一颗敬畏之心；要跳出惯性和常识的圈子，具体问题具体分析，而不是用既有的思维搞一刀切；一事当前，要踩住经验之“车”，开始换位思考，从而跳出自身狭窄立场的维度；要破除经验依赖，保持对事物的新鲜感，加强学习，与时俱进，用新的标准、新的追求律己；用跳跃式的思考增加思维的可变性，弥补思维的盲点，从而看到以前没有看到的地方。做到这些，其过程可能是痛苦的，成效也不可能立竿见影，但要有决心和勇气，也要有耐力和韧劲。

三、事事亲力亲为：疑神疑鬼，累得要死

超级自恋的领导者一定是亲力亲为者，他只认为自己能行，因而喜欢单打独斗。这类领导者常常疑神疑鬼，不相信手下，不信任他人，同时抓着大权不放，对下属的每一个细节都要亲自掌控，对企业的每一分利润都要沾手，贪权贪利，累得要死。可以肯定，这样的领导者要么被自己疑神疑鬼制造的恐惧吓死，要么被凡事亲力亲为的做

法累死，企业自然不可能做大做强。

1.亲力亲为怪现象及其思想根源

领导者必须亲自参与创业期，因为人才较少，领导者精通人才，所以亲自推动生产经营有利于企业的发展。一个人的能力、能量及精力和时间及资源都是有限的，随着公司的发展，有许多事情需要管理，领导者必须有自己的得力助手来分担工作。如果他们仍然像以前那样凡事自己去做，公司怎么发展壮大呢？！

作为一个领导者，凡事自己经手才觉得牢靠，事无巨细，不给下属压担子下任务，其结果必将自己累得要死要活，悲凉的是还得不到下属的谅解。究其原因，一是疑神疑鬼，不放心任何人，或者压根儿身边就没有放心的人；二是不知道如何授权和监督，最终形成放权恐惧症，看谁都是“野心家”；三是不知道如何选人和用人，不重视年轻人的发展需求，凡事都要自己去做，却阻碍了年轻人的发展；四是公司缺乏管理层次，业务线条也不清晰，没有科学的划分职能职责，结果“眉毛胡子一把抓”，不懂抓大放小。

2.信任、授权，从此别再大包大揽

作为领导者，不要凡事大包大揽，更不要因为觉得下属干不好就亲自上马，而是应该采取正确积极的方式引导下属养成良好的工作方法、工作态度和工作习惯，帮助他们尽可能快地进入角色，尽可能快

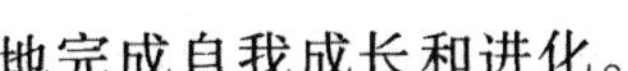

地完成自我成长和进化。

首先，发挥领导作用。领导者应放下“凡事亲力亲为”的思想负担。既然自己已经在领导岗位上，那么就要懂得“统筹全局、领而导之”的领导艺术，在工作中发挥凝聚、整合和指导的作用，不断开发员工潜能，最终实现高效完成工作任务的目标。

其次，相信员工能力。日本松下公司创始人松下幸之助曾说过：“信任员工便是对员工最大的激励。”领导者必须相信员工的能力，把过程留给员工，刺激员工完善本职工作，冲刺目标。要让员工得到锻炼成长，就要放手让员工在自己的“一亩三分地”里搏一搏。明智的领导者往往貌似甩手掌柜，实则信任下属，懂得抓大放小。这样不仅能激励员工迸发出强大的工作活力，也能让员工之间更好地团结协作。

再次，做好分工授权。授权不仅是对员工的信任，同时可以加速培养人才。其具体做法是：无论工作需要多少人通力协作，在分配工作时，最终负全责的应该只有一个责任人，这样才能决策及时，职责明确，确保整体性和大局观；在确定人选时，要保证此人有能力完成工作任务；在推进工作时，要给予必要的帮助、指导和培训；在出现问题时，要留出时间讨论并帮助解决问题。

最后，持续跟进指导。做完分工授权，接下来就是持续跟进指导，这是高效执行的关键。例如，当员工遇到困难时，可以先让员工提出自己的计划，然后从想法和方法上给出指导意见和建议，但记住不要过多追求细节，控制关键点即可，让员工探索并找到适合自己的路径。此外，还要形成知识共享机制，沉淀员工的岗位经验。如果仍有进一步努力的空间，可以建立一个岗位“能力模型”，将岗位中所需的素质、知识、技能、解决问题的能力都固化下来，用于招聘和培训。如果做到这些，那么大部分员工胜任岗位方面的问题就会迎刃而解。

总之，领导者的职责就是帮助他人做得更好，并非凡事都要亲力亲为。只有充分相信员工，懂得如何用人，才能将团队的潜力发挥到极致，领导者也就不必凡事都“亲临一线”干其他人能干的工作了。

四、决策反复无常：反复不定，朝令夕改

有一些企业领导者每次做决定时都优柔寡断，而且反复无常，即使做出决定也会在一天中间改变；员工的计划经常被领导者按自己的意志换来换去。员工最害怕遇到这样的领导者，不仅经常遭受反复的折磨，而且在关键时刻，领导者根本无法当机立断，常常令员工苦不堪言，也给工作带来了极大的麻烦。

1. 心理素质欠佳，导致决策成本居高不下

绝非危言耸听，反复无常的老板不是特例。比如，刚刚说甲是项

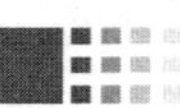

目中最重要的，过了一小会儿又可能变成乙是最重要的；昨天还说这个部门留在原址不动，今天又说和别的部门一起搬家……变得如此之快，以至于在他说完后员工往往要追问一句：“这是您的最终决定吗？不再变了吗？”但是，即使他说了“是”，时不时地也还会有变，让员工无奈，几乎崩溃。

领导者“决策反水”，可以解释为心智低下、主观偏见、思维混乱、情绪失控、经验不足等多种原因。而所有这些原因，都与心理素质密切相关，以至于决策成本居高不下。

2. 激活决策潜能，必备良好的心理品质

管理学家、决策理论创始人詹姆斯·马奇和赫伯特·西蒙在他们合著的《组织》一书中提出了“决策人”模式，强调“决策人”应把学习、记忆、习惯等心理学因素作为其决策行动的基础。可以说，这些基础正是一个人心理素质方面的因素，对领导者决策具有极为重要的作用，包括心理素质中智力、情感、意志和个性等四个方面的因素。

领导者激活自己的决策潜能，要具有广博的知识、丰富的经验，要了解心理素质及各种心理品质对决策的不同程度的影响，要找到并努力培养作为一个决策者必须具备的心理品质。例如，健康的情绪、高尚的情操、坚强的意志、主动承担责任的品质、敢于担当风险的心

态、胸怀全局的观念、理性的思维能力、敏锐的预测能力和机智的判断能力等。

上述各项心理品质，每一项都需要进行专业化的学习才能形成，并需要在实践中加以检验。例如，情感品质，它对领导者的决策既可增力又可减力，因此领导者必须具备高尚的道德观、高远的前瞻性、高度的责任感，必须具备理智的激情、积极的心态、冷静的思维、稳步的行动，由此即使在危急时刻也能坦然自若，这样才能保证决策的科学。

至于其他的各项心理品质，限于篇幅，这里就不一一赘述。

五、只把员工当工具：担心员工跳槽，忽视员工培养

现实中，很多企业领导者担心员工跳槽，因而不关注员工的学习与成长，只把员工当工具。这是思维僵化，思想保守，不能够与时俱进的表现，这样的领导者是可悲的，必将被发展变化的市场所淘汰！

1. 只把员工当工具的具体表现

很多中小型企业里，存在着这样一种领导者，他们不关注更不关心员工的学习和成长，总是担心员工学出成果后会跳槽。他们认为一

旦员工能独当一面，他们作为领导者的价值就没有了。

只把员工当工具的领导者有以下几种比较典型的表现。

第一，控制欲很强。对控制有天生快感，主要控制员工的做事方式、思想和行为，即完全控制员工。这背后的原因是不希望员工超过自己，希望自己在领导位置上坐得更久。

第二，防范心很重。害怕员工向上级反映问题，为了阻止员工与上级进行沟通，他们人为设置员工与上级的沟通障碍，以使员工能够被他们控制在可以约束的范围内，从而避免员工在上级领导面前说他们的各种情况。

第三，权力感很大。俗话说，官升脾气涨。他们喜欢利用自己的权力，对员工格外严苛，对员工的薪酬和职位可以一票否决。有些员工迫不得已，只能委曲求全。

第四，小人心很龌龊。不给员工提供发展通道，不但如此，还擅长口头忽悠员工，愚弄员工，蒙蔽员工，以阻碍员工的职业发展。

领导者若有上述表现，是万万要不得的！事实上，如果领导者只把员工作为工具，他就不配当领导，没有资格去管理团队。而总是担心员工会跳槽的领导者，更是自信心严重不足。他们越是担心，员工越是会跳槽。领导者如果不做改变，那么早晚会心力交瘁，吃大苦头！

2. 注重培养员工，关注关心员工

只把员工当工具的领导者必须转变观念，改变做法，将员工视为企业最宝贵的财富，想方设法培养优秀的员工，让企业能够跟上时代，制胜市场。

首先，领导者要多用逆向思维进行思考。员工为什么想跳槽？其实，员工跳槽基本上都是因为薪酬及激励不合理或者待遇不公平，更重要的是企业成就不了他的未来。但仔细想想，公司把员工培养起来，成就他了，钱、知识、地位都到位了，员工还会轻易跳槽、离开团队吗？只要企业能打造出成就员工的平台，员工是不会离开企业的。

其次，领导者要注重培养员工。比如，让员工了解企业的用人机制和奖励机制，让每一个员工都有发展的空间，并通过建立相关的培训培养机制，切实提高员工各项工作技能；将绩效考核和员工品质考核有效地结合起来，将技能考核和集体责任感结合起来，将团队意识和集体荣誉感结合起来；选拔优秀的员工充实到管理岗位，让员工真正看到和感受到上升的机会；同时多开展各种活动，如合理化建议活动、技能比武、劳动竞赛及各种文体活动等，营造良好的企业文化氛围。

最后，领导者要真正为员工办点实事。比如在工作上，根据员工的个人能力定岗定责，遇到问题帮助出谋划策，并调动公司资源予以

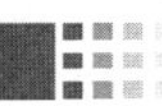

支持；比如在职业发展上，帮助员工谋划未来，结合公司需要，制定切合员工个人实际情况的职业生涯规划；比如在生活上，关注关心员工的健康状况、情感需求，以及员工家庭方面的困难等。

第七章

激活的“愿景目标”：借鉴经验，持久有效

被激活的总裁领导力必须持久有效是一个毋庸置疑的观点，因此我们要从以下几个方面来加以努力：一是坚持终身学习；二是掌握促动技术；三是学习教练技术；四是注重企业文化；五是研究落地未来领导力的 CODES 五维模型。致力于这几个方面，被激活的总裁领导力一定会持久有效。

一、坚持终身学习

未来唯一持久竞争的优势，就是具备比竞争对手学习得更快的能力。这是一位管理学家的预言。当今时代，是一个信息爆炸的知识经济时代，知识更新速度加快，信息数量增多，传播范围及传播途径也更丰富。要想跟上这样的时代节奏，实现可持续发展，就要保持一种锐意进取、不断学习的状态。新时代对企业领导者的要求还是两个字——学习，而终身学习更是领导者不可或缺的最大资本。

李嘉诚自幼就很有学习头脑，他意识到做香港人就要过英语的语言关，于是开始学英语。上学放学的路上，他边走边背单词；每天学习到深夜，当夜深人静时，他怕影响家人休息，便独自跑到户外的路灯下读英语；每日天刚蒙蒙亮就起床，苦练英语会话功。后来辍学做童工，也从未间断学习英语。经过几年的刻苦努力，他终于逾越了英语难关，为后来成为商业精英奠定了良好的基础。李嘉诚14岁就停止了学业，在茶楼里做堂倌。他决心利用工余时间自学完成中学全部课程，每天都要看书苦读到深夜。他还通过在折旧书店买书的办法，不断换回“新”书，不仅学到了知识，又省了钱，真可谓一举两得。在茶楼做工时，他有意识地观察每位客人，根据各位茶客的特征，揣测他们的籍贯、职业、财富、性格等，接着便找机会去验证。然后继续察言观色，揣摩顾客的消费心理，并见机行事，根据茶客的消费心理投其所好。这些本领，后来在生意场上都派上了大用场。为了自己的工厂能够开发出塑胶花新产品，他风尘仆仆赶到意大利，以应聘者的身份进入一家塑胶花制作公司。在那个时代，专利法不太健全，“偷师学艺”是很普遍的现象。在这里，他通过与某一关键工序的技术工人结交，掌握了技术窍门。回港后，他立即把新技术投入生产，在商业生涯中挣得了第一桶金。李嘉诚用他的塑胶花掀起了香港消费的新潮，因此他的塑胶厂渐渐开始蜚声香港产业界。

从这些事情上，可以看出李嘉诚的学习热情和生意头脑。李嘉诚的一生，始终坚持不懈地学习，他认为：成就大事业，可以没有学历，但一定不能没有学识。李嘉诚的学习观念和做法，值得企业领导者学习和效仿。

1. 提高学习能力，坚持终身学习

在这个不确定的时代，提高学习能力，坚持终身学习，才是领导力持久有效的源动力。学习能力是领导者的第一能力，是指领导者不断在学习实践中增长知识和才干，拓宽知识面，开阔新视野，并带动整个队伍构建学习型组织的能力。

坚持终身学习的基础是学习能力。要提高学习能力，一要主动学

习，能够高效利用碎片化的时间，比如搭乘公交和地铁的时候，可以利用手机学习，也可以看一些内容增加见闻等。二要消化知识，学以致用。在学习的过程中，不要总是纠结于看了多少，而是要看看自己学会了多少知识，又有多少可以应用的知识，这才能体现出真正的学习能力。三要勇于进行创新和实践，不能总期待维持现状。想要让自己得到提升，就要跳出现在的舒适区，因为现在的舒适区就是一个思维定式，只有跳出去，才能有真正的收获，得到真正的提升。

获得了学习能力，就必须坚持终身学习。实际上，人生就是一场在无知和求知之间的奋斗，如果一个人停止追求知识，也不再接收信息，必将变得无知。一个优秀的领导者，需要坚持不断地学习，更需要学而不厌的精神。从管理角度来看，只有加强学习，更新知识，积累经验，提高综合素质和领导管理水平，才能成为把握发展规律、开拓创新、驾驭全局的现代化企业领导者。从长远发展来说，唯一能持久的竞争优势，不是团队的规模与技术，而是你的团队比对手学习得更快。正如思科系统公司前总裁约翰·钱伯斯在谈到新的经济规律时指出，现代竞争，已经不仅仅是大鱼吃小鱼，更是快鱼吃慢鱼。

2.工作是一个充电、放电的过程

锤子科技前首席技术官钱晨曾经讲过，工作就是一个充电和放电的过程。他把这个过程分为以下几个层次：

第一个层次是不知不觉。这类人没有“管理”的意识，只是凭借对业务、企业文化、关键目标的熟悉，便以中层人员的身份走上了管理者的岗位，但他们之中大多数人都完全没有意识到自己执行任务和带领团队工作是截然不同的。

第二个层次是不知有觉。这类人对“管理”是有一些感觉的，处在这一层次的管理者有一定的经验，但他们仍然对自己缺乏的东西感到困惑。

第三个层次是有知有觉。随着工作的深入，这类管理者有意无意、正式或非正式地学习了不少管理方法与知识。实践中，他们能够根据具体问题用各种管理方法予以匹配、调整、修正。

第四个层次是有知不觉。钱晨说这是一个更高的层次，处于这一层次的管理者在工作中已内化了管理手段和知识，仅凭借经验就可以调动内在的知识体系、管理方式，并融会贯通地处理问题，从而带领团队实现目标。

钱晨认为处于第一、第二、第三层次的管理者只能算作处在工作的某一阶段，仍需要被激活、被培训，即进行“充电”；只有到了收放自如的不觉层次，才真正达到了“放电”的效果。这正是为企业、为团队贡献自己最大能量和价值的时候，只有这个时候，领导者才称得上具备了真正意义上的“领导力”。而在“放电”之后，发现自己更多的不足，也需要充更多的电量，来继续实现下一个目标。

钱晨的观点说明：人在年轻时，应该不断“充电”，提升自己，而当自己已经拥有了一些能力之后，就需要“放电”，把能力传承下去，用以回馈社会。其实，企业领导者在学习上也应利用这种“充电”“放电”的原理。

企业领导者不断进行“充电与放电”，其方法可以有很多，因行业不同、企业规模不同，采取什么样的方法，要由本企业根据实际情况决定。但是，普遍适用的方法如下：一是岗上自充自放法，即一边工作，一边不断提高。这种方法可以不脱离岗位，在实际工作中自充自放。二是阶段性充与放相结合，就是要有计划地在一段时间内集中进行学习或培训，安心进行“充电”，接下来回到工作岗位上，再持续工作一段时间，也可说是“放电”应用。三是“充”而优则奖，即建立学习的优胜劣汰机制，也就是要“充电”优者竞争上岗，反之待岗或下岗。四是强制“充电”法。另外，“充电与放电”的主要内容，也包括思想政治觉悟方面的充电、法律基础知识和法律意识方面的充电、现代企业管理知识方面的充电等。充足了这些方面的“电”，怎么“放电”就是水到渠成的事情了。

3. 终身学习的途径和方法

一般来说，企业领导者可以通过以下几种途径来进行终身学习。

一是向书报学习。可以多阅读书籍、杂志、报刊及交易刊物等，还可以通过网络上的各种媒介进行学习，这些也都是较好的信息来

源。如果能长期坚持读书看报，养成思考、总结的习惯，那么日积月累，你的知识水平将大大提升。另外，还可以利用视听教材充实管理知识，比如电视上播放有关企业管理的节目，应按时收看或设法录制下来有空观看，必定会有所帮助。

二是向实践学习。所谓“读万卷书不如行万里路”“实践出真知”，在实践中锻炼自己，这样才能提升自己打硬仗的本领。用学习型组织建设理念来说，就是“学习工作化，工作学习化”。

三是向优秀的人学习。优秀者永远是一面旗帜、一个标杆，是值得人们学习的。榜样的力量是无穷的，他们或有丰富的经验，或有高超的领导才能，或有远见的卓识，或有超群的做人智慧。如果你能虚心向他们学习，就可以达到取长补短的目的，从而提升自己的综合素质。优秀者既可以是你所在行业的精英，也可以是你所在公司的下属，无论他们的职位如何，无论他们的学历如何，无论他们的年龄多大，只要你觉得他有优秀的一面，向他们学习就是有意义的。例如，向创业经验丰富的人学习，多与优秀创业者交流，学习他们的点子和心得体会；到优秀企业去学习，如果条件允许或有机会，还可以到其他公司服务，注意悉心观摩其老板的经营长处；雇用精明能干的员工，不但可以向他们学习，而且有助于企业相关业务的发展；聘用顾问，不仅可以解决问题，也可以作为学习的资源，尤其当公司业务开始增长时，管理顾问既可以传授领导的艺术及管理员工的诀窍，也可以辅导开展公司的业务。

四是向普通的人学习。孔子曰："三人行，必有我师焉"。每个人都有自己独特的才能，都有自己与众不同的一面，如果你有善于发现的眼光，有欣赏他人的心态，那么你就能发现普通人身上的闪光点，然后从中汲取营养，收获智慧。虚心学习，不耻下问，不但可以让你学到更多的知识和智慧，还能帮你树立谦虚和蔼、平易近人的形象，使你成为受人欢迎的领导者。例如，通过与主要员工每天共进午餐，可交流各自的创意，互相学习，产生一举数得的效果；员工的意见也是一笔宝贵的财富，应该认真聆听员工的心声；即使听取自家人的意见，也可获益匪浅；时常出外走动，多与顾客、员工、专家等交流，多与经验丰富或才华横溢的人相处，久而久之，更会有大收益。

4.善学善思，善谋善为

学习、思考、实践这三者缺一不可。这三者之中，学习是先要记住看明白的知识；思考就是要理解其中的意思，发掘自己的想法，实践就是把思考出来的东西付诸行动。也就是说，我们既要善学善思，又要善谋善为。古人讲的"学而不思则罔，思而不学则殆"和"纸上得来终觉浅，绝知此事要躬行"，都能说明学习、思考、实践三者之间的实际意义。

学习的“学”，顾名思义，就是学知识、学学问。而“学问”这个词中却蕴含着无限的哲理。学问，为何“学”在前而“问”在后？因为“学”比“问”更重要，如果随便问问就能成才，就不用终身学习了。所以学问二字，“问”放在“学”的后面。学要有选择地学，不仅要选有用的、有价值的知识去学习，还要选有兴趣的知识去学习，因为兴趣是学懂、弄通一样东西的根本。另外，学不能急功近利、心浮气躁、好高骛远，而要打好基础，就像造楼房一样，地基没打好，终有一天会倒塌。

思考的“思”，就是学了以后要进行思考，不思考大脑里就不会有长久的记忆，即使记住了，也只是短暂的。学习了不思考，就不会理解学到的知识，只能死记硬背，这样就不能灵活运用，学了也就等于没学。可见光学是不行的，必须用“思”来巩固所学的知识，使其更扎实、稳固，要思考所学知识的特点、规律，只有对于所学知识的脉络了然于胸，方能运用自如。

实践就是实际践行，只是学与思还不够，还需要实践，只有通过实践，才能把学到的和思考到的化为现实。实践是不怕失败的，实践是化不可能为可能的唯一方法。所以实践是最重要的！

有人说，不学习是白思考，不思考是空学习，不实践等于是白思考、空学习。“学习”加“思考”加“实践”就等于“好的学习方法”。在这里不妨再强调一次：学习、思考、实践，三者缺一不可！

二、掌握促动技术

促动技术是一种非常有影响的领导力发展方式，它彻底改变了个人、组织的心智模式和行为模式。促动技术不仅是提升组织能力的有效方法，更是培养领导力的最佳方法。

1.促动技术及其作用

行动学习中的一项技能是促动技术。英国管理学家雷吉·雷文斯提出行动学习。他设计的新管理发展课程，主要对象是高潜能管理人员。课程中的每个参与者，都将提出一个比较棘手的难题，然后这些参与者又被分别交换到不同于他们原有专业特长的项目（主题、课题）下组成学习团队。团队成员依靠学习解决这些棘手难题，成员间互相支持，分享知识与经验。这个课程一经推出就获得了成功，引起了广泛的关注，国际上将其称为“行动学习法”，被公认为是理论与实践相结合的学习路径。行动学习是重塑企业领导力、提升组织能力的强大而有效的工具，能够把学习和行动完美地交织在一起。行动学习的提出者雷吉·雷文斯说：“没有行动是可以脱离学习的，也没有学习是可以脱离行动的。”

行动学习法，简单通俗地说，就是通过行动实践学习，使学习回归本源。其特点是问题导向、突出团队学习、注重行动与学习的平衡、反思、持续性。建立在对团队成员所积累经验的激活和重新诠释的行为上，是行动学习的本质。行动学习在商业活动中，主要体现为经理人以团队合作的形式解决实际工作中的关键问题。行动学习主要应用于领导力的提升、战略的规划、业绩的突破、组织的变革和文化的建设等方面，这些应用适合任何组织，不论其发展水平的高低和组织规模的大小。具体步骤是：提出问题、导入知识、小组学习、行动计划。

在行动学习过程中，其灵魂是促动。所谓促动，简单地说，就是让事情变得更容易。在这方面，图像引导行业的开创者、美国资深的组织发展顾问大卫·西贝特说：“促动是领导人们通过既定的程序达成共识目标的一种艺术，采用的是鼓励全员参与、激发主人翁感和创造力的方式。”行动学习得以成功的前提就是促动技术，它是行动学习中的一项基本技能。

促动技术是一种鼓励人们积极参与并激发人们的归属感和创造力的方式，它能够引导人们通过流程实现共同目标。在小组互动过程中，促动技术包含通过沟通、会议等多种形式，以帮助小组在有限的时间内和有限的资源条件下达成明确的共识决策，形成切实可行的实施计划，以达到“集合众智、达成共识，自动执行”的效果。

促动技术对于组织是有很大帮助的，体现在如下方面：更有效地提升团队执行力；更高效及有成果的会议；使参与者逐步抛开防备心而全身心投入讨论；集思广益；建起积极正向的互动关系；提高团队创造力；把团队能量集中在共同目标上；排解团队矛盾；帮助团队构建共识；创造非妥协的团队协作；建立尊重和信任。

运用促动技术，促动师是个关键人物，他是行动学习成功的核心人物。促动师拥有群体流程的知识，他必须能够通过系统阐明所需的结构来保证互动的有效性。事实上，越来越多的世界五百强企业，都需要大量促动型管理者。成为一个促动型管理者，已是大势所趋。促动师可以是企业的董事长、总经理、营销经理、内训管理者，也可以是企业内部讲师、人力资源负责人，还可以是对行动学习感兴趣，希望在组织内运用行动学习解决问题，诸如发展下属、推动培训及文化落地、推动企业变革的人。他们都可以通过参加行动学习、接受培训，成为一名合格的促动师。

2.促动——基于脑科学的领导力

脑科学基因研究和脑科学研究是两个最大的科学革命。随着研究的深入，脑科学研究领域频传喜讯，下面是和劳动力有关的一些有趣的发现。

麻省理工学院和美国国家科学院的研究人员发现，即使在看似休息的状态下，大脑仍然表现出特殊的活动模式。这些活动模式可以被我们每天重复的经验所影响，也可以通过设计培训来改变，以优化大脑功能。通过脑成像技术，研究人员发现，当其他人为我们安排任务时，大脑皮层明显活跃，这代表了大脑情绪的抵触，说明当我们被动地做事时，大脑会本能做出无法全力以赴地做事的反应。当我们自己想要主动做一些事情时，大脑的反应则处于自我调整状态，没有任何对行动的干扰和抵触。由此可以说，大脑只听自己的。

有意思的是，科学家还发现了控制“自我”的人脑区域。这是美国加利福尼亚旧金山大学神经学家布鲁斯·米勒带领团队在治疗患有一种罕见的脑叶萎缩症的患者时发现的。他说，这个位于人类大脑右额叶前部的某个区域，看起来“储蓄着”人的自我意识。通俗点说，人的个性、信仰、喜好与厌憎之意，大都是从那里产生出来的。

还有研究结果表明，通过脑科学的理念方法融入学科教育的方方面面，在充分的教育实践基础上指导课程设置和教学，这样的课程一定是个性化的，是因人而异、因材施教的。相关研究者认为，如果能够建立起一组个体学习过程和能力发展的脑测评大数据，对于教学的科学决策将是至关重要的。

上述这些研究结果，对培养和提升领导者的领导力提供了科学依据。企业管理实践是人与人之间思维、情感和行动的相互作用，与大脑的运作密不可分。事实上，有关企业管理的实践和方法虽然已经经历了长期演变，但无论怎样改变，其核心仍然是如何激发个体和团队的积极性和创造性，以迅速实现目标，达到成功。而所有这一切，都取决于“如何正确地思考并采取正确的行动”。企业领导者的任务，就是教会员工自主思考而不是被动地听从指挥。借助脑科学研究成果，可以避免单凭经验的管理模式，更好地实现目标。

3. 促动技术在成功企业的应用

被很多世界五百强企业积极借助和使用的促动技术，帮助管理者实现了从“命令指派型”向“问题引导型”的转变，使他们能够最大范围地调动团队的资源，从而有效地解决从“要我学”到“我要学”、从“要我做”到“我要做”的问题。

《执行：如何完成任务的学问》一书的作者拉里·博西迪是一位有着丰富经验的CEO，在通用电气公司和联信公司的工作经历让他深深认识到执行比战略更重要。他深谙执行艺术，注重运用促动技术来促动全体员工群策群力，提高执行力。通过运用促动技术，他将原本没有形成任何生产力文化的联信公司，顺利地转型成每一个人都言出必行并取得丰厚结果的高绩效公司，使联信公司连续31个季度实现了每股收益超过13%的增长。

波音公司为使公司的高级经理能以全球的视角进行思考和行动，特设立了培训全球领导人的学习项目以达成目标。为此，波音公司的领导力发展项目的核心内容，选择的就是行动学习模式。而波音公司管理层已授权该学习项目为公司在中国、澳大利亚、意大利、德国及韩国的项目制定发展策略，就是因为该项目为企业带来了创新与成功。

花旗银行的领导高层认为，行动学习有助于让员工以更宽广的视角对待公司的业务，于是推动了第一个叫作“团队挑战”的行动学习项目。该项目的成员经历了严格的感情和智力挑战，最终超越了职能限制的思维定式，掌握了新型领导人所具备的全局思维方式，对自我、对事业的信念有了更好地理解。

华润集团的培训中心在国内首先引入了“行动学习”的新概念，由时任董事长陈新华为培训做导入，其实就是扮演促动师的角色。正是因为如此，行动学习的新概念才能在华润集团置地生根、萌芽。后因普及效果明显，华润集团逐渐把行动学习过程中掌握的一些技能列为领导力的组成部分，要求管理人员学会如何授权、如何激励、如何辅导下属，以及如何引导团队，激活团队的内生智慧。经过多年的努力，华润集团商誉卓越，其基业不断壮大，已发展成为中国内地和香港最具实力的多元化控股企业之一。

中粮集团的行动学习，创造性地把问题的解决分解成“是什么、为什么、如何解决、制定行动计划、实施计划、检验效果”等六个步骤，完成所有步骤可能历时几周或几个月，这是由问题的复杂或难易程度决定的。但不管耗时多久，这套科学的方法值得借鉴和推广，因为成功解决问题主要依赖团队的有效合作和扎实工作。

4.团建活动常用促动工具简介

团队建设过程中会用到促动工具。常见的促动工具有：聚焦式会谈、世界咖啡、团队共创、鱼缸会议、开放空间、复盘。下面对团建活动常用的促动工具进行简单介绍。

——聚焦式会谈。就是让团队有效共享信息，真诚对话。其优点是使用范围广，让沟通省时省力，会谈更具有创造力，各方能坦诚沟通，更加具有积极正面的心态。其主要流程和框架是通过四个层面的问题进行的：第一层是客观层，这类问题关注事实，问题可以充分多，通过感官器官的体会交流让与会者实现对问题的多方面了解，从而产生同频；第二层是反映层，这类问题涉及内心的感受，一般会有正面和负面两类，通过对内心感受的交流而获知大家最初的反应和想法；第三层是诠释层，关注问题的本质和意义，通过一个个子问题，挖掘问题，深入理解问题。为了深入理解问题的意义，每个人都要与他人交流对问题的观点和价值观；第四层是决定层，关注最终的决定，让大家的行动与未来相关联，并不断更新和循环。

——世界咖啡。在和平友好的气氛中，消除跨部门沟通中的本位主义、封闭主义和推诿主义，是促动师广泛运用的促动技术之一。针对数个主题，一群不同专业背景、不同职务、不同部门的人，发表各自的见解，彼此的意见互相碰撞，激活出意想不到的创新点子。其常用的方法有使用图示记录设备、把桌布放在走廊展示、张贴你的观点、建立点子群、讲故事等。

——团队共创。这是小组学习中有效激活团体智慧的方法，可帮助团体做出决策、解决问题、编制计划。团队共创法适用于人数较多的团体，通过大家围桌坐一圈，使用告示贴或者小纸片，把相似的卡片聚在一起，通过这个过程可以提供视觉线索，提高人们觉察各种意义模式的能力。它的具体步骤有聚焦主题（设定背景）、头脑风暴（讨论数据和想法）、分类排列（把数据归类）、提取中心词（给每一类命名）、图示化赋予意义（评估工作及其含义）。

——鱼缸会议。这个名字很形象，即刻会让人想到一条鱼在鱼缸里，水围绕在鱼身边的情境。这种会议方法同样是为了组织的沟通而设计出来的，它可以让个人或组织在出现麻烦之前就提早判明形势，客观评价自身工作的价值和意义，真心听取周围人的意见和建议，调整战略，形成合力，实现多方共赢。鱼缸会议对于场地的要求是减少压迫感，布置要舒适，氛围要轻松。座位要团座，而且要比较紧凑，同时气氛要活跃。其主要步骤如下：明确主题，向每位参与者发出邀请并告知会议的目的和主题，以及要遵守的规则；根据参会者的人数情况，决定所有的落座形式；明确鱼和水的角色，并详细地说明相关的规则，同时在绘画过程中维护规则的执行；会谈进行收尾时，每一条鱼必须对水进行感谢，而水必须对鱼表示充分的尊重；最后，每个人可以订立自己的执行计划，并采取相应的行动。

——开放空间。这是一种引发热情与责任的团队促动方法，是可以激活各类群体、机构产生颠覆式创新的方法，可以充分调动人们的积极性，使人们在会议中收获非凡的结果。其具体步骤：准备工作，准备好纸笔和座位排放；向与会者说明具体的流程和规则；提出希望讨论的议题，并充分探究其重要性；汇谈开始后，提问者耐心等待其他人的贡献，与会者参与讨论，提供贡献，移动双脚到自己可以提供贡献的地方；设立新闻墙，指定时间指定小组进行讨论成果的汇报；对所有的议题选择短期内可行的建议；将建议根据优先顺序排列；锁定主要的议题及优先的建议，制定行动计划，实施计划。

——复盘。主要是总结经验，吸取教训等。复盘所发挥的作用占整个行动学习项目近50%。复盘的目的是为了下一次能做得更好更轻松，其深度决定了组织赋能的高度。

三、学习教练技术

教练技术对于期待提升业绩、融洽人际关系、追逐职场梦想、开发领导力以及重设人生的目标具有强大的推动力，它是一项通过改善被教练者心智模式发挥其潜能和提升效率的管理技术。

1.教练技术及其核心原理

所谓教练技术，就是一种通过谈话来促进一个人释放潜能进程的技术。一个人的表现不佳，是因为有更多的干扰存在，所以才影响了他的良好表现，而并不是他没有这个潜能。教练技术就是赋予个人强烈的动机感，使人主动发现问题、解决问题，自觉地设计美好的未来。

经历过“跳蚤实验”的人都知道，实践生动地说明了干扰和潜能的消长关系。跳蚤其实是有潜力跳出玻璃杯的，但是玻璃罩罩住了跳蚤的潜意识，罩住了跳蚤的“信念”，跳蚤的行动欲望和潜能就这样被扼杀了……现实中，类似这样的例子不胜枚举，比比皆是。事实说明，精彩的人生，是需要挑战和激励的！

“信念—行为—成果”，这就是教练技术的核心原理。意思是说，信念可以决定行为，行为才能决定成果。很多人不敢追求成功，不是追求不到成功，而是因为他们心中的干扰太多，以至于没有树立起信念。人的信念很难改变，但拓宽之后会有所不同。衡量信念是否拓宽及为什么要改变态度，唯一的立足点是人的目标。目标一经确定，与之不相符的态度和行为都需要改变，而根源中的各种干扰目标实现的信念也就需要拓宽了。

一个人看到了可能性才愿意去做事，才会从内心产生行动的驱动力，才愿意去付诸行动；而一旦开始了行动并从中得到好处，便会渐渐脱离旧有的习惯，坚定地迈向新的道路。

2.教练技术激活的九点领导力

人生活力的起点是要有激情的。有了激情，才愿意做出承诺，并能够采取负责任的态度，从而欣赏身边的一切，又心甘情愿地去付出，而且信任他人，开创共赢的局面，同时将感召更多的人参与，由此创造更大的可能性。这些过程的每一个环节都会增加更大的激情，在不断倍增的激情下，又可使每一个环节产生更大的能量……而这些方面，恰恰是领导力必备的重要素质。具体归纳为以下九点。

一是激情。激情的出发点是自由选择，其产生的原因是出于真我价值，外在表现形式是活出一个真我。领导者有激情，就会具有很强的感染力，可以透过空气让人感觉到，可以通过言行神色让人触摸到，从而可以很快地传递给他人，影响到他人，使他人受到鼓舞，斗志昂扬。

二是承诺。任何承诺，看似是对别人承诺，实际是承诺于自己的自律，本质上还是在为自己。所以承诺的实质是自律。正是因为你能够自律，也能兑现承诺，所以别人才会相信你。在组织行为学中，有一种关于组织承诺的问卷，不仅可以预测“离职现象”，更能够预测“离职意向”。可见，承诺对于一个企业领导者来说是非常重要的。

三是责任。责任是一种心态，负责与否是对待事物或者生命的心态；责任的主体是自己，自己的过去、现在及将来都是自己选择的结果，也就是说，自己的行动都是自己自由选择的结果，为结果负责与否就是心态，这将影响别人对你的认知与态度。“负责任的领导力”是领导者采取行动前就考虑清楚对自己的选择负责，并对现在所得到的一切负责的能力。换言之，具备“负责任的领导力”的领导者，他的“领导”首先应该是一个针对自己内心的动词，只有在内心打开“负责任”这个意愿，才能去领导他人。

四是欣赏。欣赏可以收获别人的激情和投入，同时激活出他人的内在力量。当领导者经常用欣赏的眼光来对待下属，经常用欣赏的方式来领导企业，那么，被欣赏的人就会焕发出自信，会心甘情愿地将欣赏的眼光播种到他人的身上。于是，欣赏开始在人际链条上快速传播，团队的氛围因此而积极、融洽，企业士气必定高涨。能否达到这样的状态，关键在于领导者是否具备欣赏能力，是否拥有一种欣赏的胸怀。

五是付出。付出是一种为对方考虑的真心体现，是一种开放的心态。同样，付出亦是基于心中的大爱，真正不计较回报的付出的背后，一定有着深厚的爱和广阔的胸怀。优秀的领导者甘愿付出，因而追随者众多。

六是信任。领导力的养成是信任的成果，表象上是对他人的信任，而实质上信任却跟别人无关，是否信任取决于自己，只有自己才能决定是否信任，决定因为什么理由而信任。所以，信任的实质是对自我的肯定。

七是共赢。共赢是现代社会主导的价值理念，是最佳的合作模式，也是实现自我价值最佳的平台之一。一个领导者若有共赢的心态，表明他心中有气度，由此才能体谅外在环境和他人，才能最终实现共赢。

八是感召。古往今来，每一位成功人士都能够尽情挥洒和创造他们的感召魅力，成为优秀的感召者，从而扬名历史。所谓“感召”是一种行动，就是通过教练行为激活他人的理想，由此促使他人自觉自愿地被感动，并召唤他人为自己的人生目标采取行动。

九是可能性。可能性是人生最有魅力、最有吸引力和最变幻莫测的生存元素，“一切皆有可能”激起了多少人的人生斗志。必须敢于突破信念上的屏障，新的可能性才有可能出现。至于生命中到底得到出现什么样的结果，那并不是我们能够决断的。然而，一切都是我们自己选择的。选择就有可能，不选择就一定没有可能。

每一位领导者都有一个身份，可以叫作“领导者品牌”。拥有上述素质的领导者就是教练，也叫作“教练型领导”，这就是个人领导者的品牌。教练型的领导者是能够帮助员工确定自身的独特性优势，也能够找出自身的关键性缺点，并且将这些与他们个人的志向及职业上的进取心联系起来的领导者。他们鼓励员工树立长远发展目标，帮助员工制订明确的实施计划；他们非常擅长分配任务，与员工达成协议，使员工明确在实施发展计划过程中的角色和义务，并为之提供意见和建议；他们有时不惜忍受短期的失败，只为了给员工提供长远的发展机会。

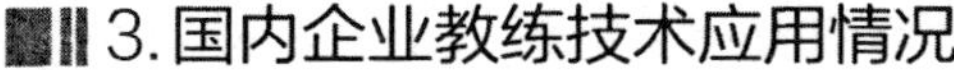

3.国内企业教练技术应用情况

企业的目标就是找到员工的热情点，让员工有主人翁的心态，勇于承担，并能够自动自发、心甘情愿地承担100%的责任，将自己负责的事情做到最好。而企业教练的目的，就是为了达到上述这个目标。

在企业中，教练技术的应用是通过建立一个共同的梦想，激活员工潜能，调节员工的心智模式，提升员工职业化程度，达到双赢的管理模式，最后让企业和员工能够共同进步。使用教练技巧的正确方法，是要能够进一步提升企业管理效能及企业文化，增强企业核心竞争，推动企业持续发展，推动员工更加积极主动地发掘自身潜能，最终提升企业的经济效益。

我国国内企业引入教练技术，目前来看还需要较长时间的实践与推广。从宏观方面来看，教练文化促进企业文化的改善不是短期能够完成的，如果想让教练文化不断进步，通常都需要一年左右的时间，需要在实践中对教练文化的不足进行调整，并且保证其持续性。

国内企业引入教练技术，应遵循制定、启动、完成、评价及完善规划等几个步骤。一般分为以下四个阶段：第一，企业引入教练技术，首先由专业教练对管理人员进行培训，使管理人员初步理解教练技术的含义及运用方法；第二，在企业内部，通过管理人员对下级进行教练辅导，不断扩大教练技术的应用范围及提升教练技术的广泛应用能力；第三，专业的教练能够积极配合管理人员，共同参与对下级的辅导，在辅导过程中注意观察管理人员的教练技巧使用情况，给予管理人员继续提升的建议；第四，把教练技术推广至普通员工，推动每个员工的发展，让他们了解教练技巧的核心理念是挖掘员工潜能，进而引发员工的认同，得到员工的支持。通过上述四个阶段的努力，为教练技术的实践与发展提供了精神与文化支持，从而推动企业形成良好的教练应用氛围。

四、注重企业文化

企业文化与领导力之间有着密不可分、相互依赖的关系。成功的公司，其文化元素都会在公司内部得到提升，并发展成为企业文化。如果领导者是公司的创始人，他就有机会通过向新员工灌输他的信念、价值观和想法，来开始公司文化的创造过程。

1. 企业文化与领导力的相互依赖关系

美国著名的组织心理和管理学教授埃德加·沙因说："深入地研究文化和领导力，我们会看到它们是同一枚硬币的正反两面。单看文化或者领导力，都无法真正地理解文化或领导力。"企业文化和领导力是密不可分的。一方面，企业文化从某种意义上来说，是领导者的文化，企业文化建设成功的关键是领导者的认可和支持。因此，创造、融合、管理文化，领导者必须有独特的能力。另一方面，企业价值观得到成员的广泛认同，良好的企业文化在企业的形成，使企业中的每一位成员产生使命感，这必将又会进一步提升企业的领导力。

阿里巴巴在推动企业文化与领导力建设上，经历了好几个阶段，在创业前期一直起起落落，但创业团队整体充满激情、干劲，而且非常团结，这些基因成为阿里巴巴企业文化与领导力建设的基础。之后受到原出身GE公司高管的启发，阿里巴巴才开始真正关注企业文化与领导力建设，然后开始总结提炼，宣传推广，并且根据企业的发展不断地纳入新的内容，从最初的“孤独九剑”，到后来的“六脉神剑”，到纳入眼光、胸怀和超越伯乐后发展成为今天的“九阳真经”，每一个前行的脚步，都将被记录并体现在企业的发展中。

2.领导者要用文化引领企业的未来

由于每个创始人的性格不同，思维方式不同，因此每个企业文化的特点都不相同。“领导力”反应的是创始人给企业注入的能够引领企业发展、鼓舞员工干劲的观念。那么，领导者要运用企业文化引领企业走向更好的未来，自省、先行、敬业、培育、执行，一个都不能少。

——自省。这是领导者的自我管理，首先要坦诚面对自身，不断反思自身的优点和缺点，审视自己的态度和行为，积极地寻求反馈，谨慎地做决定，三思而后行，为员工树立榜样。如果需要改变，就要从自身改变。

——先行。这意味着领导者要冲锋向前，而非袖手旁观，不能够只说不行，要知行合一，并且先行一步，做示范，做引领，就是要以上示下、以上率下，这需要领导者跳出框架思维，高瞻远瞩并不断反思。

——敬业。需要领导者不断地鼓舞士气，善于听取不同的观点，用事实来说服员工，鼓励员工，培养积极的团队精神，注重个人的价值体现，计划决策要透明公开，最后才能达到既定目标。

——培育。这是作为一个领导者的重要职责，领导者不是做好自己就可以了，他要为员工创造适合成长的沃土，并积极地为一些具有潜力的员工做好未来的职业规划，不仅需要相马的眼光，还要有养马的手艺和赛马的技巧。

——执行。就是行动落实，脚步落实，强调百折不挠，向着目标迈进。领导者要激励员工不断审查标准，流程优化，设定新的标杆，同时要忍受挫折，并能够接受失败，从中学到经验和知识，以利再战。

通过上述几个方面的努力，领导力文化就将成为公司可持续发展的推动力量，成为企业文化的重要组成部分，成为公司和员工共同发

展的动力。

3. 通过企业文化打造企业持久领导力

企业文化是企业战无不胜的动力之源，也是打造企业持久领导力的重要条件。对任何公司来说，保持持久的领导力知易行难，需要公司建立完善的鼓励员工创新及尝试新鲜事务的内部文化和激励机制。例如，IBM的企业文化强调员工应该具有相同的信念和价值观，公司推行民主、平等、友善的员工相处模式。IBM是美国公认的具有丰富企业文化内涵的典范。IBM能够历经兴衰仍然持续成功，这与几代传承的企业文化密切相关。

另外，如果企业领导者没有崇高的使命感，就谈不上拥有持久的领导力。领导者具有使命感往往更能激活员工和社会的投入，这种使命感也是领导力的起点。现实案例告诉我们，许多企业领导者缺少的不是热情、能力，而是境界、使命感。在权力、利益与企业长期发展的使命感面前，这类企业的领导者更看重前者的“权利”二字。由于不自觉地强调了个人成就和利益，企业便不会进一步发展，反而容易走向衰败。

五、落地未来领导力——CODES模型

什么是未来领导力？如何打造未来领导力？北京大学教授陈春花通过多年实践研究，不断提炼卓越企业家特质，透过对领导力相关理论进行梳理和分析，整合提出的未来领导力CODES五维模型，将告诉我们未来的商业领袖是什么样的，这对于企业领导实践是具有指导意义的。

陈春花认为，未来领导力的特点在于具备卓越气质，能够在巨变的环境下，坚定价值选择，笃定前行，开放而融合，自律又感受生活，充满创意又脚踏实地。于是，她将研究过程中的有关面向未来的领导行为特质整理出来，构建了一个五维领导力模型：美感度（Creativity）、开放度（Open-minded）、内定力（Dedication）、同理心（Empathy）和思辨力（Sagacity），简称CODES模型。

按照陈春花的观点，未来领导力从美感度开始，然后逐步达到开放度、内定力、同理心、思辨力。接下来，我们结合其观点，对CODES模型进行简要解读。

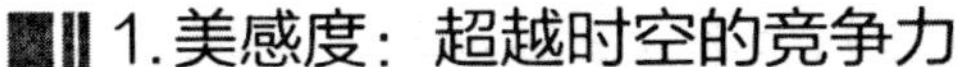

1.美感度：超越时空的竞争力

古希腊伟大的哲学家、享有“西方思想之父”盛誉的柏拉图说：“美是超越时空的永恒。”柏拉图对话集《大希庇亚篇》等文献中指出，美是超越时空的永恒，现在是美的，过去也是美的。物质和精神上的享受总是短暂的，是不断变化的，而美却是永恒的。

在商业世界也是如此，能够超越时空的商业文明真正存活下来的、一直保持着竞争力的产品与服务，一定是非常美的，一定是被人们欣赏和接受的。不仅如此，商业文明之美还体现在遵从个性、自由和独立上，能够把万千差异达成共识，拥有美感度。而未来领导力的一个重要标志就在于此！

未来领导力发端于美感度。作为一个领导者，只有强调个性、自由和独立，才有机会与自我对话，与人性对话，也才有机会找到大千世界万千差异的共识点。能否做到这一点，要从以下三个维度来判断。

一是美学修养，这将对每一个领导者形象的构建起到两大作用——引导和规范。美学修养着意关注和细致体验在行为上。实质上，领导者的仪容、语言、行为，乃至远大的志向、高尚的情操等，都是领导者形象的标准，就是美的标准，是多种美素的综合。如果一个领导者不懂得加强美学修养，他的人格是缺失的。

二是商业创意，旨在克服人类的弱点，创造出新的成长空间。长期以来，一般企业都依循传统逻辑思维方式制定竞争策略。例如，如何推出更优质的产品与服务，如何选择更为有利的市场，如何创造更高的绩效等。而商业创意是什么呢？我们所有的创意其实都在克服人类自己的弱点。如果你能把人类自己的弱点克服掉，那么人类就会拥有属于自己的成长空间。如果能够突破传统思维，标新立异地创新市场游戏规则，那么无论是他们产生的产品、提供的服务或者是秉承的经营理念，都一定蕴含着独特的价值观，以及随之衍生的独特竞争策略。例如，iPhone一改键盘输入方式，整个应用被完全展开；高露洁将牙膏的管口放大一倍，销量翻番等，都极具商业创意之美。

三是人文精神，这一点体现为能尽人之才情的个性创造。美一定是建立在对人的善意基础上的。彼得·德鲁克说："管理的本质，在于激活和释放每一个人的善意。"领导者只有通过关注关心员工、企业愿景感召等方式，激活和释放员工的善意，才能让员工自我驱动；当每个员工完成自我驱动后，就有了基于使命出发的目标感和责任感。责任感恰恰是获得高绩效的关键。

2.开放度：越开放越高能

开放就可以使人得到能量交换。所以一个人越开放，他所拥有的能量就会越高。如果想要与外界充分交流能量、物质与信息，那就只有开放。对于今天的企业而言，开放结构而非建立壁垒是极其重要的组织管理要求。因此，企业组织领导者要具有开放的心胸，留意外在资讯，用心观察其他行业的经营模式及整体环境的趋势等，以便让组织本身更融入环境。

要想具有足够的开放度，需要做以下四件事情。

一是扩大共同性，也就是作为领导者要把自己所擅长的东西先放下，与其他人达成认同。这需要领导者放弃原有的核心竞争力，避免这些过去时的东西成为扩大共同性的障碍，一定要勇于打破过去的平衡、固有的边界。

二是系统知识，这是一个比较大的挑战。帮助企业组织分析、理解所有的运作系统，具体到每个人都要懂得跟变动相关的知识，然后才有组织能力改造、重新设计系统等，以提升到新的状态。“戴明环”其实就是发明了一个知识系统，这个知识系统让组织变成是拥有系统知识的组织。

三是跨界合作，就是要将组织之间的竞争转化成无边界的竞争，这种所谓无边界竞争将会进一步带来无穷大的需求及几何级的市场。例如，腾讯以资本展开跨界，接下来是成立腾讯大学，通过知识赋能，把边界全面打开，然后再回到市场去做业绩的跨界合作。当资本、能力、知识和业务模型组合起来，腾讯的整个跨界体系就完成了。

四是协同共生。这是企业内外兼修、统筹兼顾的最佳逐利运作策略。我们知道，两种不同生物之间所形成的紧密互利关系就是原指的“共生”概念，如动物、植物、菌类及三者中任意两者之间都存在着共生关系。商业世界同样也有共生关系，并且商业世界更讲究协同共生。比如，企业内部协同有利于凝聚激活向上动能，外部共生则有助于协调营造互利共存的发展环境，也就是通过互为主体、资源共通、价值共创、利润共享，由此开始创造单个组织无法实现的高水平发展。

3. 内定力：保持内在的稳定性

认知哲学是人的世界观之根，简而言之，世界观就是指一个人对整个世界的总看法。这意味着我们可以自己界定对于外界的认知与判断。所以，为了保持内在的稳定性，我们可以有意识地创造出一个内在的、更大的空间，由此而感知整个世界，并与之相处。我们自己的内在定力，就是指这个内在的、更大的空间。在今天这样一个完全不确定的环境中，每个人只有首先确定并保持自己内在的稳定性，才能让自己的生存空间持续下去，并且不断地稳定下来。

那么，我们需要确定、稳定的内定力，具体包括以下三点。

一是确信的力量，就是一个人能够内省与内敛，有敬畏之心与恭敬之心。这是关键所在。如果敬畏心、恭敬心不够，就没有办法形成确信的力量。

二是做一个长期主义者，而且一定要做一个长期主义者！所谓“长期主义”，就是愿意把爱、信任与承诺融入生活，让生活变得更美好，这样才能够应对变化，并得以持续。

三是韧性，也就是具有坚持之心。具体来说，就是必须能够不受环境的影响而保持为了获得增长所采取的行动。韧性是一种非常值得拥有的内定力，它是一个人得以成长的自我驱动。

4. 同理心：未来领导者的起点

是否具有同理心至关重要，有效的未来领导者都注重同理心。没有同理心，不能站在别人的角度去看问题，建立信任必将无从谈起。只有真正站在别人的角度，才可以真正得到信任，真正地实现绩效。同理心就是要尊重差异，说明领导者具有同理心的首要一点就是尊重差异：组织成员充满创意并相互激荡智慧的源泉是尊重个性化带来的差异；协同与共生的不可替代性价值也必然选择尊重组织间的差异；人可以存活在宇宙之间的基本法则更是要尊重人与自然之间、人与宇宙之间的差异并约束自我。

训练同理心，应包括以下具体内容：

一是尊重别人与自己，即前面提到的尊重差异。真正尊重别人与自己不同的时候，也就是获得有同理心的时候；接纳和理解这一切，就可以释放影响力。

二是悉心倾听，坦诚交流，即体谅、尊重而认真地听取他人述说，理解他人，宽容他人，不苛求他人，以真诚和信任之心与他人进行推心置腹的交流。

三是放弃个人偏好，这一点强调人应该用不同的视角看问题。有的人难以建立同理心，实际上就是因为放不下自己的很多偏好。固守个人偏好，同理心根本就不会提高，甚至根本就建立不起来。

四是直面不想面对的，即承认那些你不懂的东西，时刻准备学习。这需要领导者具备包容心态，在这个前提下，用自己的魅力影响不想面对的事物向好的方面转化。

5. 思辨力：将整体利益最大化

所谓思辨力，就是一个领导者是否能够驾驭矛盾，也就是既可以坚持立场，同时能包容别人的观点，最后还能通过合理的、科学的推理得出结论，不会人云亦云地与他人达成共识。具备思辨力的人，在探讨一个观点时，会很自然地去怀疑、审视，然后用证据来证明观点的逻辑性或事实性，或者寻找数据来证明观点的合理性。

思辨力维度最直接的表现包括以下四个方面的内容。

一是界定问题，寻找“话外之音”，即要求找到“真问题”，这是关键。很多人被日常诸多问题缠住，浪费了精力和时间，因为思辨力弱，所以根本就不知道真正的问题在哪里。从这个意义上说，找到

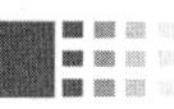

问题的能力比解决问题的能力更重要。只有通过系统性思考、结构性分析，找到真正的问题之后，才能考虑该如何消除这些问题。

二是论证及对话，要求跨界合作、知识赋能，并为此创造共同语境。要创造共同的语境，就要时刻思考自己的观点，找到论据，同时对他人的观点进行判断，也要虚心接受他人的思考与结论。

三是概念化技能，就是要有把复杂问题简单化的能力，而且能够寻找到关键因素。在复杂的问题中找到关键因素，然后采取简单化的问题处理方法，才能够真正解决问题。未来领导力要求能够把所有复杂性问题简单化，并能够彻底解决。

四是平衡冲突与对立，这一点强调的是管理最终结果是利益的整合。也就是说，思辨不需要去证明谁对谁错，而是重在整合整体利益，使其实现最大化。事实上，没有对立和冲突，企业就不会有活力，冲突是活力的来源，问题的关键是要把冲突管理好，而不能把冲突变成破坏力。只有平衡了冲突和对立，才能最大化整合利益。

参考文献

[1]程东升，刘丽丽.华为真相[M].北京：当代中国出版社，2004.

[2]田涛，吴春波.下一个倒下的会不会是华为[M].北京：中信出版社，2012.

[3]余世维.有效沟通：管理者的沟通艺术[M].北京：机械工业出版社，2006.

[4]哈罗德·孔茨等.管理学[M].北京：经济科学出版社，2012.

[5]斯宾塞·约翰逊.谁动了我的奶酪[M].魏平，译.北京：中信出版社，2015.

[6]彼得·圣吉.第五项修炼：学习型组织的艺术与实务[M].郭进隆，译.上海：上海三联书店，1998.

[7]奥利维娅·福克斯·卡巴恩.精英的人格魅力课[M].徐言，译.杭州：浙江人民出版社，2018.

[8]詹姆斯 G.马奇，赫伯特 A.西蒙.组织[M].邵冲，译.北京：机械工业出版社，2008.

[9]拉里·博西迪，拉姆·查兰.执行：如何完成任务的学问[M].刘祥亚，译.北京：机械工业出版社，2016.

[10]帕特里克·兰西奥尼.优势：组织健康胜于一切[M].高采平，译.北京：电子工业出版社，2016.

[11]帕特里克·兰西奥尼.团队协作的五大障碍[M].华颖，译.北京：中信出版社，2013.

[12]帕特里克·兰西奥尼.该死的会议：如何开会更高效[M].陈佳伟，译.北京：中信出版社，2013.

[13]帕特里克·兰西奥尼.示人以真：如何让生意追着你跑[M].曹蔓，译，北京：机械工业出版社，2010.

[14]帕特里克·兰西奥尼.CEO的五大诱惑：领导者应警惕的人性弱点[M].苏进，译.北京：电子工业出版社，2016.

[15]帕特里克·兰西奥尼.CEO的四大迷思：健康组织应遵循的原则[M].彭淑军，译.北京：电子工业出版社，2016.

[16]帕特里克·兰西奥尼.破除藩篱：如何让部门之间不扯皮[M].毕崇毅，译.北京：机械工业出版社，2011.

[17]詹姆斯·库泽斯，巴里·波斯纳.领导力：如何在组织中成就卓越[M].徐中等，译.北京：电子工业出版社，2013.

[18]詹姆斯·库泽斯，巴里·波斯纳.留下你的印记[M].刘旭东等，译.北京：电子工业出版社，2013.

[19]詹姆斯·库泽斯，巴里·波斯纳.信誉[M].王华等，译.北京：电子工业出版社，2011.

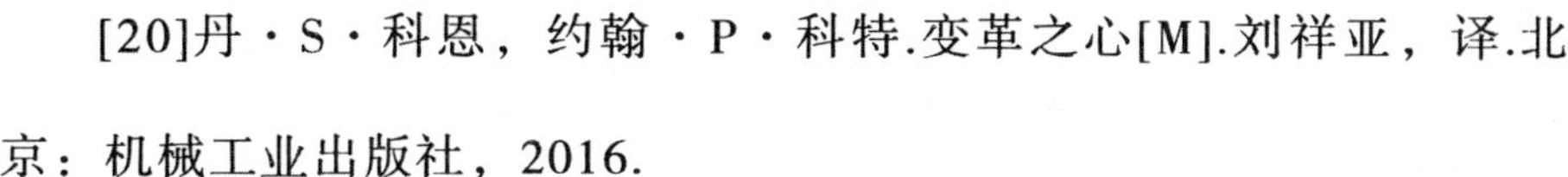

[20]丹·S·科恩，约翰·P·科特.变革之心[M].刘祥亚，译.北京：机械工业出版社，2016.

[21]约翰·P·科特.领导变革[M].徐中，译.北京：机械工业出版社，2016.

[22]约翰·P·科特.变革的力量[M].方云军等，译. 北京：华夏出版社，1997.

[23]约翰·P·科特.变革的力量[M].廖晓红等，译. 北京：商务印书馆，2005.

[24]丹尼尔·戈尔曼，理查德·博亚特兹，安妮·麦基.情商4：决定你人生高度的领导情商[M].任彦贺等，译.北京：中信出版社，2014.

[25]威廉·科恩.德鲁克论领导力：现代管理学之父的新教诲[M].黄京霞等，译.北京：机械工业出版社，2012.

[26]詹·卡尔森.关键时刻[M].韩卉，译.杭州：浙江人民出版社，2016.

[27]梅雷迪思·贝尔宾.超越团队[M].李丽林，译. 北京：中信出版社，2002.